tredition®
www.tredition.de

Roman Nies

Gesetz und Gnade

Der Galaterbrief

Verlag und Druck: tredition GmbH, Hamburg

ISBN
Paperback: 978-3-7469-5975-7
Hardcover: 978-3-7469-5976-4
e-Book: 978-3-7469-5977-1

Gesetz und Gnade

Der Brief an die Galater

Eine heilsgeschichtliche Auslegung

Von Roman Nies

Inhaltsangabe

Vorbemerkungen

Der Brief an die Galater ist das Zeugnis des Apostels Paulus für das große Ziel, das jeder Mensch haben soll, für die Bestimmung, die ihm vom Schöpfer zugedacht worden ist. Ziel und Bestimmung des Menschen ist Jesus Christus, denn allein bei Ihm und in Ihm ist der Mensch zu seiner endgültigen Ruhe in der Vollendung seines Menschseins gekommen.

Paulus zeigt, dass es auf dem Weg zu diesem Ziel vor allem zwei Haupthindernisse gibt. Das eine ist die Religion, das andere ist die Gesetzlosigkeit. Die Religion ist eine menschliche Ordnungskraft. Die Gesetzlosigkeit ist in erster Linie eine Selbstbestimmung zur Autonomie. Damit haben beide die gleiche Wurzel im Wunsch des Menschen, sein Schicksal selber bestimmen zu wollen und dabei so wenig wie möglich von sich aufgeben zu müssen. Die Religion beteiligt die Transzendenz, doch die eigentliche Entscheidungsinstanz ist nichts Jenseitiges, sondern immer der wollende und vermögende Mensch, so wie beim Gesetzlosen auch.

Im Judentum hat sich die Religion zwar auch aus der Überlieferung entwickelt. An ihrem Anfang stand jedoch die verbindliche Weisung und Zielgebung Gottes. Die Juden haben das Wort Gottes, das Alte Testament. Sie haben die Torah, eine Gesetzessammlung und Handlungsanweisung, ein Dokument des Bundes mit Gott, in der Gott kund tut, was Er will.

Aber Paulus verdeutlicht, man kann das Wollen wie Gott will erst wollen, wenn man es vom Ziel her will. Die Torah ist die Zielgebung, Jesus Christus ist das

Ziel. Die Torah redet nicht vom Messias als wollte sie auf Ihn hinführen. Aber sie offenbart, dass es unmöglich ist, ihren Forderungen gerecht zu werden. Sie war maßgebend für das Zeitalter des Bundes zwischen Gott und Israel. Sie diente dem Bund der Annäherung Israels an Gott. Doch da Israel den Bund nicht hielt, kam es zur Entfremdung. Doch mit der Entfremdung ist die Erkenntnisgewinnung möglich, dass man Gott immer etwas schuldig bleibt und dass Gott selbst die Rechtfertigung des Menschen erwirken muss. Das Wohlwollen des Menschen fällt immer wieder zurück und kreist um den einzelnen, allenfalls noch um die Sippe oder die Nation. Gott will umgekehrt mehr sein als nur ein Bündnispartner. Das kann man noch nicht aus der Torah erfahren, denn ein Bund wird umso treuer und fester, desto mehr man beachtet: *„Du sollst den HERRN, deinen Gott, lieben mit deinem ganzen Herzen und mit deiner ganzen Seele und mit deiner ganzen Kraft."* (5 Mose 6,5) und *„Du sollst deinen Nächsten lieben wie dich selbst."* (3 Mose 19,18) Dass Jesus, der Gesetzgeber vom Sinai und damit Bundesgenosse und HERR Israels, ***1** eine noch größere Nähe zu Seinem Volk herstellen würde, das hat erst Paulus gezeigt. Christus ist der Bräutigam der Braut Israel und will geliebt werden, nicht auf die Einhaltung eines buchstabengemäßen Gesetzes pochen müssen.

Der Mensch, der in der Religion sein Heil sucht, wird es dort nie finden können. Israel liefert den Beweis, dass nicht einmal die Begegnung mit Gott und eine göttliche Vorgabe für die rechten Lebensregeln ein menschliches Herz umkehren lassen. Israel ignorierte die Torah, passte sie den eigenen Vorstellungen an oder überhöhte sie und machte sie zu einem Ersatz für Gott, weil es der Gerechtigkeitsforderung aus dem Weg gehen und der Heiligkeit Gottes ausweichen wollte. Paulus eröffnet den Galatern, dass das Judentum über das Stadium der Versuche, sich selbst zu rechtfertigen nicht hinausgekommen ist. Dabei wurde die Zielgebung mit dem Ziel gleichgesetzt. Anstatt zu erkennen, dass die

Torah nur ein Lehrmittel der Erkenntnis sein kann, das bereit machen soll, die Gerechtigkeit, die bei Gott gilt, zu erfassen, wurde die Torah zum Selbstzweck.

Paulus warnt die Galater, dass sie sich nicht zu diesen Grundelementen der Religion zurückkehren sollen. Auf der einen Seite waren das messianische Juden, die die Galater zu einer Einhaltung der Tora nach Gewohnheit der Juden bringen wollten, was für Paulus einer Verfälschung des Evangeliums von der Freiheit in Christus gleich gekommen wäre. Auf der anderen Seite drohte eine Angleichung an heidnische Praktiken. Und das gleich doppelt, einmal verstanden als Freiheit alles zu tun, was man wollte und das andere Mal verstanden als Möglichkeit sich selber zu verwirklichen und zumindest etwas zur Selbstfindung beizutragen, die es tatsächlich nur in Christus geben kann, denn wer sich selber finden will, kann sich nur in Christus finden, in Ihm ist seine Bestimmung und sein Lebensziel. Das Autonomiebestreben des Menschen ist eine Umkehrung der wahren Ichwerdung, ein vollständiges Widersachertum. Die wahre Ichwerdung findet der Mensch nur in Christus.

Ob Torahgötzentum oder Heidentum, die Findigkeit des Menschen, wenn es darum geht, der Begegnung mit dem heiligen Gott auszuweichen, ist groß und raffiniert. Paulus warnt die Galater davor. Er rechtfertigt sich gegenüber den Galatern, dass er seine Lehren von Jesus Christus persönlich bekommen hat (Gal 1,12), das konnten die Störer aus Jerusalem nicht von sich behaupten. Unter den Galatern waren auch Juden, sonst hätten sich die messianischen Juden nicht auf den beschwerlichen Weg zu ihnen gemacht. Paulus betont jedoch, dass er auch die Anerkennung der Jünger Jesu hatte. Wenn nun aus Jerusalem messianische Juden ihm nachreisten und ein anderes Evangelium brachten als er, hatten sie dazu keine Vollmacht. Die Fragwürdigkeit ihrer Botschaft wurde außerdem offenbar durch ihre Uneinheitlichkeit. Um das zu illustrieren berichtet Paulus den Galatern von der Heuchelei des Petrus, als dieser die Tischgemeinschaft mit den nichtjüdischen Christen bei Ankunft derer aus Jerusalem aufgab.

Daran lässt sich beispielhaft zeigen, dass es nicht mehr auf die genaue Einhaltung der jüdischen Überlieferung ankam, auch wenn sie in der Torah gegründet war, sondern auf das Leben Christi in dem Gläubigen (Gal 2,20).

Der Galaterbrief ist das Dokument über die Gerechtigkeit und das Heil aus dem Glauben Jesu Christi, aus der Treue zu Christus und aus Christus, denn sie erwächst aus einer vertrauensvollen Beziehung, die Gott durch den Geist Christi gründet und aufbaut. Diese Treue liegt auf einer Segenslinie, die bis Abraham reicht und damit älter ist als die Gesetzessammlung der Torah. Segen statt Fluch, denn die Torah zeigt den Fluch, dem jeder ausgesetzt ist, der versucht, nicht im Vertrauen auf Christus, sondern im Halten der Gebote Gerechtigkeit zu erlangen (Gal 3,13). So haben das die Galater nicht von den messianischen Juden aus Jerusalem gehört. Paulus wird sehr deutlich in seiner Wortwahl. Man müsse geradezu vom Gesetz erlöst werden, nicht nur von der Sünde, um ein Kind Gottes werden zu können (Gal 4,5). Das Gesetz steht für die Knechtschaft; in Christus zu sein, steht für die Freiheit (Gal 5,1). Paulus warnt die Galater vor einem Rückfall ins Gesetz. In Wirklichkeit stecken sie in der Gesetzlichkeit und der Religion tief drin. So sind sie untauglich für das geistliche Wachstum und das tiefere Kennenlernen des Christus und ihre Werke werden unfruchtbar. Es ist noch schlimmer, wer versucht durch die Torah gerecht zu werden oder andere religiöse Vorschriften und Bedingungen, hat Christus verloren (Gal 5,4). Paulus verdeutlicht den Unterschied zwischen dem Leben im Geist Christi und dem Leben im Fleisch, wozu er die Werke des religiösen Gehorsams dazuzählt. An den Früchten kann man erkennen wes Geistes Kind jemand ist (Gal 5,22-24). Er fordert die Galater zur kritischen Selbstprüfung auf (Gal 6,4). In Christus wird man eine neue Kreatur, unbeachtet dessen, was man vorher war (Gal 6,15).

JCJCJCJCJCJCJCJCJCJCJCJCJC

Das andere Evangelium der Juden

Gal 1,1.3.6-9.11-12. 16-18, 2,1-4

Im Galaterbrief wird das Thema der Heilsgeschichte Gottes weiter fortgeführt. Man könnte auch sagen, dass er in das paulinische Denken einführt, denn beim Galaterbrief handelt es sich mutmaßlich um den frühesten erhaltenen Brief von Paulus. Hier spricht der gleiche Autor, wie schon im Römerbrief, über die gleiche Thematik. Im Römerbrief wird er sie noch vertiefen, insbesondere im Hinblick auf die Juden, die er im Römerbrief ganz speziell anspricht.

Bereits bei der Begrüßung betont Paulus, dass er keine Berufung durch Menschen, auch nicht durch sich selbst, sondern durch *„Jesus Christus und Gott, den Vater, der ihn aus den Toten auferweckt hat"* (Gal 1,1) bekommen hat. Die Berufung ist von Gott Vater und von Gott Sohn, vom heiligen Geist ist nicht die Rede. Auch nicht als er den Briefempfängern *gleich „Gnade euch und Friede von Gott, unserem Vater, und dem Herrn Jesus Christus"* zusagt (Gal 1,3). Bei Paulus kommt die Idee von einer dritten göttlichen Person nicht vor. Das Heil wird immer im Zusammenhang mit Christus und dem Vatergott dargestellt. Dass die sich über den Geist mitteilen, ist für Paulus selbstverständlich. In Röm 8,9 setzt Paulus den Geist Gottes mit dem Geist Christi gleich. In Röm 8,14 ist es der Geist Gottes, der Gottes Kinder antreibt. In Röm 15,19 wird dem Geist Gottes eine Kraftwirkung zugesprochen. In 1 Kor 2,12 ist der Geist, den die Gläubigen erhalten als Geist aus Gott identifiziert. Und es ist auch dieser Geist, der in den Menschen lehrt, wie der nachfolgende Vers verdeutlicht. Dieser Geist macht den Menschen zu einem „geistlichen“ Mensch (1 Kor 2,14-15). Dieser Geist „wohnt“ in ihnen nach 1 Kor 3,16. Eines Geistes mit dem Herrn zu sein wie in 1 Kor 6,17 kommt offenbar daher, weil man den gleichen Geist wie ihn der Herr Jesus Christus hat, in sich hat, weshalb dieser Geist, der innewohnt auch als Heiliger Geist bezeichnet wird (1 Kor 6,19). Paulus meint, diesen Geist Gottes zu haben (1 Kor 7,40) und durch diesen Geist auch reden zu können (1 Kor 12,3), denn es ist immer der gleiche Geist, der von Gott kommt, der Gnadengaben zuteilt einem jeden, wie Gott will (1 Kor 12,9-11). Gott ist also Geist und hat Geist, den Er zuteilen kann (2 Ko5 5,5). Und dieser Geist scheint mit dem menschlichen Geist eine Union oder Einheit bilden zu können. In 2 Kor 3,17-18 bestätigt Paulus noch einmal, sogar zwei Mal, dass der Herr der Geist ist. Da der Geist Gottes zugleich Gott ist und dem Menschen wie eine Kraft mit Wirkung gegeben werden kann, muss Er als erkennbare Kraftwirkung Gottes verstanden werden, da Gott als solcher in Seiner Person, außer in Jesus Christus als Mensch, nicht anders für Menschen erfahrbar ist. Das heißt, der Mensch kann von einem Vatergott reden, weil ihm das offenbart worden ist. Er hat den Vatergott selber nicht gesehen, weil er als Mensch nicht die Fähigkeit hat, Ihn zu sehen. Aber er kann Gott als Kraftwirkung Seines geistigen Wesens erleben (Eph 3,16) und – wunderbar genug – in sich selbst als geistige Kraftwirkung. Wenn man also sagen will, der heilige Geist Gottes ist eine Person, dann ist das nur berechtigt, weil man Gott als Geist wahrnehmen kann und nicht anders und weil die Bibel bezeugt, dass Gott eine Person ist. Ob diese Person der Vater oder der Sohn ist, wird von der Bibel nicht immer klar unterschieden. Ausdrücklich von einer weiteren Person Gottes, einer dritten oder vierten oder fünften redet die Bibel nicht.

Wichtig ist es für Paulus zu sagen, dass man „im Geist“ Gottes leben und wandeln soll (Gal 5,25), um dann irgendwann Gott leibhaftig und personal erleben zu können. Dem muss allerdings eine Wandlung vorausgehen, ohne die kein

Mensch Gott sehen kann. Der Geist Gottes ist hierzu eine Anfangsgabe. Dass man sich von ihm leiten lassen soll, ist selbstredend. Er ist ja der Geist der Weisheit und Offenbarung (Eph 1,17). Wer den Geist hat, ist deshalb „in“ Christus, weil der Geist von Christus ist. Und dadurch hat man „im Geist“ den Zugang zum Vater (Eph 2,18), der wiederum den Menschen zu einer Wohnung von sich selber, eben durch den Geist macht (Eph 2,22). Es ist kein anderer als dieser Geist, der betrübt werden kann (Eph 4,30) und als Beistand als Geist Jesu Christi bezeichnet wird (Phil 1,19). Beistand und Tröster sind ein und derselbe. Wenn Paulus im 1 Thes 4,8 davon redet, dass Gott „den Heiligen Geist in euch gibt“ ist es klar, dass damit keine Person gemeint sein kann, die von Gott, der den Geist gibt, als eigenständige Person unterschieden werden kann. ***2** Diese Überlegungen, wann vom Geist Gottes als Person, wann als Kraftwirkung geredet wird, war den Juden damals fremd, weil ihnen völlig klar war, dass es Gott, der Vater, zu allen Zeiten über Seinen Geist bewirkt hat, sich den Menschen mitzuteilen und zu offenbaren. Die Schwierigkeit für Juden, Gott als einer zu verstehen, begann erst mit der Verkündigung, dass der Menschensohn gekommen war und als Gottessohn von Toten auferstanden war, um als kommender Messias bereits auf dem Thron neben Gott dem Vater zu sitzen. Für Paulus war die Kraftwirkung des Geistes Gottes mit der Person Gottes als des Vaters und des Sohns nicht zu trennen. Dass die Bibel etwas von einer weiteren Gottperson offenbaren würde, ist eine Idee späterer Generationen. Am Beispiel des Trinitätsglauben lässt sich zeigen, dass die Trennlinie zwischen Exegese und Eisegese nicht immer scharf zu ziehen ist.

Das zeigt sich auch beim nächsten Thema. Gleich nach den einleitenden Grußworten drückt Paulus seine Verwunderung darüber aus, *„dass ihr euch so bald abwenden lasst von dem, der euch berufen hat in die Gnade Christi, zu einem andern Evangelium, obwohl es doch kein andres gibt.“* (Gal 1,6-7a) Anderer Ort

- gleiches Problem, könnte man sagen. Und natürlich ging es auch in Galatien den Weg allen Irdisch-Weltlichen, nachdem Paulus einmal weg war. Von einigen Gemeinden wissen wir es, weil Paulus es in den Briefen anspricht, von anderen wissen wir es nicht, ist aber ebenso wahrscheinlich anzunehmen. Wenn Paulus schon, als er noch Einfluss auf die Gemeinden hatte, gegen die Glaubensabweichungen und Irritationen angehen musste, ist es schlicht nicht glaubwürdig anzunehmen, dass sich die glaubens- und lehrmäßige Ausrichtung nicht weiter problematisiert haben sollte, nachdem Paulus von der Bildfläche verschwunden war. Als die Christenheit keinen Paulus mehr hatte, entwickelte sie sich dennoch weiter. Aber wohin nur? Es kam zu einem Mischmasch aus Lehrfetzen.

Es stellt sich die Frage was dieses „andere Evangelium", von dem Paulus spricht, ist und was an diesem anderen Evangelium so anders war, im Vergleich zum Evangelium von Paulus. Dazu erklärt Paulus *„dass einige da sind, die euch verwirren und wollen das Evangelium Christi verkehren"*. Dabei kann es sich nicht um nicht an den Messias Jesus glaubende Juden handeln, denn die verkündeten kein Evangelium, sondern das, was im Judentum schon immer verkündet worden war, die Torah und die Propheten und die mündliche Überlieferung auf der gleichen Ebene. Aus der Apostelgeschichte des Lukas ergibt sich, dass es messianische Juden gab, ***3** die gegen die Verkündigung von Paulus vorgingen, weil sie nicht akzeptierten, dass die Nichtjuden ganz ohne Beschneidung und ohne Befolgen der ganzen Torah in die messianischen Gemeinden aufgenommen werden könnten. Nicht nur das. Es sollte überhaupt nirgendwo diese Botschaft verbreitet werden dürfen, die Paulus vertrat.

Dieses *„andere Evangelium"*, das unter den Galatern verkündet worden war, ist also eine Botschaft, die wahrheitsgemäße Bestandteile des Evangeliums, dass Jesus Christus der Messias und Erlöser ist, enthielt, dazu die Anweisung für alle Nichtjuden, die ganze Torah halten und die Beschneidung durchführen zu müssen, denn unter den Galatern waren sowohl Nichtjuden als auch Juden. Bei den

Juden stand ein Verzicht auf das Bundeszeichen der Beschneidung oder ein Nichtbeachten der Torah höchstwahrscheinlich gar nicht zur Debatte. Aber es war leicht abzusehen, dass es keine Gemeinschaft mit Nichtjuden geben konnte, wenn die alle Freiheiten hatten gegenüber der Torah – und diese auch schamlos ausnutzten. Oder, wenn man es positiv formulieren wollte – die Nichtjuden wollte man davor schützen, durch vermeintliche Freiheiten von der Torah in ihr Verderben zu rennen und dabei auch noch Juden ein schlechtes Beispiel zu geben. Daher mussten alle, die das so sahen, gegen Paulus und seine Lehren vorgehen.

Es gibt zwar heute keine Kirche von Nichtjuden, die behauptet, dass die Beschneidung notwendig wäre, weil diesbezüglich das Neue Testament eindeutig ist. Aber damals gab es das Neue Testament noch nicht und die Jünger Jesus lebten noch und hatten natürlich alles aus ihrer Zeit mit Jesus weitergegeben. Sie hatten also auch jedem erzählt, dass Jesus selber gesagt hatte, dass Er nicht gekommen war, die Torah aufzulösen oder abzuschaffen, sondern dass jedes kleine Häkchen Gültigkeit behielt, bis der Messias in Seiner Herrlichkeit zurückkam (Mt 5,17). Und so folgerten auch die Juden zunächst daraus, dass auch für Nichtjuden das gelten würde, denn Jesu hatte kein Wort darüber verloren, dass es nicht so wäre.

Was sie nicht wissen konnten, war, dass irgendwann ein gewisser Saulus eine Privatschulung des auferstandenen Christus bekommen würde, wo ihm ein Spezialauftrag gegeben würde, der in der Konsequenz die antike Welt aus den Angeln heben würde. Gott schenkte den Jüngern Jesu die Einsicht, dass Paulus die Wahrheit sagte, aber ob sie selber diese Wahrheit ganz nachvollziehen konnten, ist nicht überliefert. Überliefert ist lediglich, dass sowohl die Evangeliumstexte als auch die Briefe und Schriften von Jakobus, Johannes und Petrus geradezu wimmeln von Aussagen, die das Befolgen der Torah betreffen und sich widerspruchsfrei mit den Forderungen der Torah vereinbaren lassen.

Und so muss man sich nicht wundern, dass es heute einige christliche Glaubensgemeinschaften gibt, die an der Torah weitgehend festhalten, obwohl sie keine Juden sind. Das geht soweit, dass die jüdischen Festtage und der Sabbat gehalten und die Speisegebote der Torah beachtet werden. Nicht um gesünder zu leben, sondern um Gott gehorsam zu sein. Und so kann es nicht erstaunen, dass es damals viele Gegner des Paulus gab, die dachten, sie müssten das richtig stellen, was Paulus sich da ausgedacht hatte. Es mochte ja sein, dass er tatsächlich Jesus Christus begegnet war, aber vielleicht hatte er ja seinen Auftrag selbstherrlich ausgeweitet und überdehnt, zumal wenn zwischen dem Ereignis vor Damaskus und seinem öffentlichen Auftreten als Wanderprediger viele Jahre vergangen waren. Es wäre ja nicht das erste Mal, das ein vermeintlicher Mann Gottes gut anfing und dann die Bodenhaftung verlor und auf einmal sich einbildete, ein Prophet Gottes zu sein, wo er doch nur sein Wunschdenken zur allgemeinen Maxime erhob. ***4**

Paulus warnte also die Galater vor jedem anderen Evangelium als das, was er ihnen gebracht hatte. Manche Ausleger verstehen diese Schriftstelle als Beweis dafür, dass es nur ein einziges Evangelium gibt. Aber das ist nicht, was Paulus hier sagt. Er wusste sehr wohl, dass die anderen Apostel keine Nationenmission betrieben, sondern immer noch dabei waren, ihren Volksgenossen das Evangelium zu bringen, welches Paulus das Evangelium der Beschneidung nannte (Gal 2,7). Mit dieser Benennung wollte Paulus vielleicht nur zum Ausdruck bringen, dass es überhaupt einen Unterschied zu seinem Evangelium der Unbeschnittenheit gab, wie er es nannte. Aber der Name enthält, gewollt oder nicht, die Kennzeichnung des Unterschieds. Es waren die Juden, die als Zeichen der Zugehörigkeit zum Volk Gottes die Beschneidung forderten, nicht die Nichtjuden! Wenn aber die anderen Apostel sich inhaltlich Paulus angenähert hätten, wären sie aus eben diesem Grund abgelehnt worden wie es auch Paulus widerfuhr.

Weder die Geschichtsschreiber, noch die Kirchenväter, noch das Neue Testament wissen davon etwas.

Nach dem, was Paulus in den Versen 8-9 sagt, *„Wenn jemand euch ein Evangelium predigt, anders als ihr es empfangen habt, der sei verflucht“* (Gal 1,8-9) wäre, übertragen auf heutige Verhältnisse, der Großteil der christlichen Kirchen anathema - verflucht, denn sie predigen allesamt nicht das Evangelium, das Paulus predigte, sondern ein anderes. Paulus hat beispielsweise nie die Ersatztheologie vertreten, oder dass der Mensch die Willensmacht hätte, völlig frei Entscheidungen zu treffen, oder dass Maria „unbefleckt“, d.h. im Zustand der Sündlosigkeit empfangen hätte. Die Liste könnte lange fortgeführt werden. Und sie würde Unbiblisches und Biblisches enthalten – aber eben nicht Paulinisches.

Paulus sprach hier die Galater an. Er hätte es auch den anderen Gemeinden, die er bereist hatte, so sagen können und vielleicht hat er es ja auch getan. Jeder andere, der in diesen paulinischen Gemeinden nicht auf den Lehren des Paulus weiter aufgebaut, sondern etwas anderes eingeführt hätte, z.B. eine Botschaft, in der die Torah als verpflichtend verkündet worden wäre, hätte den Zorn von Paulus auf sich gezogen. Paulus verflucht die möglichen Irrlehrer.

Was bedeutet „verflucht“ in diesem Zusammenhang? Es bedeutet so viel wie aus der Gemeinde ausgeschlossen zu sein. Und das ist verständlich, denn wenn Paulus nicht will, dass in seinen Gemeinden ein anderes Evangelium verkündet wird, dann will er natürlich auch nicht, dass diejenigen, die dieses andere Evangelium verkünden, in der Gemeinde sind, wo sie ihre Einflüsse ausüben können. Das gleiche gilt für heute auch, wer nicht in den wichtigsten Lehrfragen und Glaubensfragen mit der Gemeinde übereinstimmt, sollte nicht versuchen, alle zu überzeugen, sondern sich eher eine Gemeinde suchen, die das glaubt, was er glaubt. Oder er schweigt und erfreut sich an dem, mit dem er übereinstimmen kann. Mit einer Verdammung in die Hölle hat dies nichts zu tun, denn darüber entscheidet nur Gott. Wenn man wie Paulus lehrt, dass in Glaubensfragen jeder zu seiner eigenen Gewissheit forschen muss, kann man ihn, wenn er es dann tut und zu anderen Schlüssen kommt, nicht verurteilen. Aber es bleibt dennoch bei der Verantwortlichkeit über die Lehre, die Glaubensgemeinschaft und die Tischgemeinschaft. In der heutigen Zeit der Ökumenebewegungen, wird oft keine klare Sprache mehr gesprochen, selbst wenn man, wie die katholische Kirche, eine klare Vorstellung von der „rechten" Lehre hat. Es wird versucht alle unter einem Dach zu vereinigen, sogar Nichtchristen werden als Mitbrüder angesprochen. Das erinnert an den Wolf, der Kreide gefressen hat, um das naive Rotkäppchen zuerst übertölpeln und dann auffressen zu können. Es kann keine Zweifel geben, dass Paulus auf solchen Ökumenetagungen eine persona non grata wäre. Man würde ihm aber umsonst keine Einladung schicken, weil er sowieso nicht hingehen würde.

Im Folgenden wird klar, was Paulus unter dem *„anderen Evangelium"* versteht, denn er grenzt es deutlich von dem ab, was andere predigen. Und so erkennt man, dass das „Andere" sich auf Inhalte von „anderen" Verkündigern bezieht. Erhellend ist schon Vers 11-12: *„Ich tue euch aber kund, liebe Brüder, dass das Evangelium, das von mir gepredigt ist, nicht menschlich ist. Denn ich habe es von keinem Menschen empfangen noch gelernt, sondern durch die Offenbarung Jesu Christi."* (Gal 1,11-12)

Hier hebt Paulus ab auf die Tatsache, dass er von dem erhöhten Herrn seine Belehrung bekommen hat. Er sagt in Gal 1,17 ausdrücklich, dass er das Evangelium nicht von den anderen Aposteln hat. Das und die Tatsache, die er ebenfalls erwähnt, dass er zu den Nationen gesandt wurde (Gal 1,16), erklärt, dass er ein anderes Evangelium als diese Apostel predigte. Würde er das gleiche zu predigen haben, hätte Paulus diesen Privatunterrichtung durch Jesus nicht benötigt. Er hätte einfach bei den anderen Aposteln lernen können, bei Petrus oder bei Jakobus. ***5** Aber Paulus betont seinen Separatismus als wolle er sagen, dass er mit denen in Jerusalem lehrmäßig nichts zu schaffen hat. In drei Jahren verbrachte Paulus gerade mal 15 Tage bei Petrus (Gal 1,18). Dann kam eine Zeit, in der er in 14 Jahren nur einmal nach Jerusalem zog (Gal 2,1). Von einem Briefaustausch zwischen Paulus und anderen ist nichts bekannt. Es hat ihn höchstwahrscheinlich nicht gegeben. Gott hatte Paulus angewiesen nach Jerusalem zu gehen, um klarzustellen, was sein Evangelium war (Gal 2,2). Man kann sich fragen, warum Paulus das tun sollte, wenn er das Gleiche predigte wie die anderen. Wenn er das Gleiche predigte, dann hätte das der Geist Gottes auch bei den anderen Aposteln nicht zum Thema machen müssen, ob Paulus denn überhaupt ein Bevollmächtigter Gottes war, der den Nationen das richtige Evangelium brachte. Und dann hätte ihn auch niemand bei den Jüngern in Jerusalem anschwärzen müssen. Er predigte aber nicht das Gleiche und deshalb musste er zur Rede gestellt werden und selber Zeugnis ablegen. Für die Apostel in Jerusalem war das, was Paulus ihnen zu sagen hatte, höchst verwunderlich. Da sie aber vom Geist Christi geleitet wurden, kamen sie wenigstens zum Beschluss, dass Paulus mit seiner Verkündigung unter den Nationen so fortfahren dürfe.

„Aber nicht einmal Titus, der bei mir war, wurde, obwohl er ein Grieche ist, gezwungen, sich beschneiden zu lassen; und zwar wegen der heimlich eingedrungenen falschen Brüder, die sich eingeschlichen hatten, um unsere Freiheit, die wir in Christus Jesus haben, zu belauern, damit sie uns in Knechtschaft brächten." (Gal 2,3-4) Gleich darauf nennt Paulus das Ergebnis der Apostelkonferenz, dass ihm das Evangelium der Unbeschnittenen gegeben sei, so wie Petrus das Evangelium der Beschneidung. Es ging aber nicht allein um die örtliche Zuständigkeit, worauf die *„Freiheit, die wir in Christus Jesus haben"* hindeutet, denn sie steht im Gegensatz zu der „Knechtschaft", die die anderen brächten.

Wie sah Luther die Freiheit von der Torah und von der Pflicht, Werke „der Gerechtigkeit" zu erbringen? Eine Antwort darauf findet sich in „Von der Freiheit eines Christenmenschen". Luther sagt,

1. dass die Werke aus dem Glauben kommen, gewissermaßen wie eine reife Frucht, die aus Gottes Gnade gewachsen ist („*Aber wie der Glaube fromm macht, macht er auch gute Werke.*");
2. dass die Werke keinen Beitrag zur Rettung, nicht einmal zur Heiligung (bei Luther „Frömmigkeit") beitragen, sondern dass allein der Glauben, der aus Gottes Gnade gegeben worden ist rettet und heiligt („*So denn die Werke niemand fromm machen und der Mensch zuvor fromm sein muss, ehe er wirkt, so ist offenbar, dass allein der Glaube aus lauterer Gnade, durch Christus und sein Wort, die Person genugsam fromm und selig macht…*");
3. dass auch die Gebote nichts zur Rettung beitragen („*… und dass kein Werk, kein Gebot einem Christen zur Seligkeit not sei. Sondern er ist frei von allen Geboten…*");
4. dass gerade aus dieser von Christus geschenkten Freiheit heraus, rechte Werke erbracht werden, nicht zum Eigennutz, sondern Gott zu Liebe, der sie ja auch möglich gemacht und begnadet hat („*… und tut alles aus lauterer Freiheit umsonst, was er tut. Er sucht in nichts damit seinen Nutzen oder Seligkeit, denn er ist durch seinen Glauben und Gottes Gnade schon satt und selig, sondern nur, Gott darin zu gefallen.*" ***6**

Paulus hätte dem nicht widersprochen. Luther war sein Schüler. Der Geist Gottes weht nicht nur wo er will, sondern auch wann er will. Was Paulus im Römerbrief oder Galaterbrief über das Verhältnis von Erlösung durch Christus und dem Vermögen der Torah, bzw. der frommen Werke geschrieben hat, entspricht lehrmäßig ziemlich genau dem, was Luther entnommen und kund getan hat.

Johannes Pflaum bringt es auf einen radikal einfachen Nenner in „Die falsch verstandene Freiheit“: *„Entweder wir glauben Gottes Wort und setzen unser Vertrauen auf Christus und leben in der Freiheit. Oder wir sind an die Sünde gebunden und versklavt, getrennt von Gott.“* ***7**

Unreife Menschen könnten freilich nicht mit dieser Freiheit umgehen. Und deshalb besitzen sie sie auch nicht. Es ist also nicht so, dass da einer das Evangelium, das Paulus gepredigt hat, verstehen würde und dann die Freiheit im wahrsten Sinne des Wortes gnadenlos ausnützen würde, denn wenn er das täte, würde er lediglich unter Beweis stellen, dass er das Evangelium gar nicht verstanden hat und nicht zu dem Kreis der mit dem Geist der Wahrheit Begnadeten gehört. Es ist vielmehr so, dass auch hier das gleiche Prinzip der Begnadung am Walten ist wie bei dem Verständnis anderer geistlicher Dinge. Der Geist Gottes führt in die Tiefen der Gottheit (1 Kor 2,10). Wo der Geist Gottes nicht am Werk ist, gibt es Fehlanzeige, da wird nichts verstanden, sondern nur herumgerätselt und herumdoktriniert und das, was man nicht verstanden hat, wird dogmatisch gegen die Wahrheit abgesichert.

JCJCJCJCJCJCJCJCJCJCJCJCJCJCJCJCJCJCJC

Von der Freiheit in Christus

Gal 2,4-12.14-21

Wer das Evangelium verstanden hat, ist ein Begnadeter. Wäre er nicht begnadet, könnte er das Evangelium nicht verstehen und gehörte dann zu jenen, die ein „anderes" Evangelium vertreten. Und erst wenn man das Evangelium von Paulus verstanden hat, versteht man auch, wie das Verhältnis zu den guten Werken Gottes ist, wo nicht, wächst er in dieses Verständnis hinein. Das bedeutet nicht, dass jeder wie Luther oder Paulus sich dazu exakt und theologisch unmissverständlich äußern kann. Es nützt rein gar nichts zum Erlangen des Geistes Gottes, viele Silvester Theologie studiert und vier Doktorentitel (wie mein ehemaliger Tutor) erlangt zu haben. Wer den Geist Gottes nicht hat, bleibt beim menschlichen Verständnis hängen, auch wenn er noch so viele kluge Worte darüber verliert. Ein wissenschaftliches hat ebenso wenig wie ein kirchlich loyales Herangehen von hundert Generationen theologischer Professoren zum Durchbruch der evangelischen Wahrheit oder zum Erkennen der katholischen Irrtümer verholfen. Es fehlt ohne den Geist Gottes das kompetente Hören und die persönliche Betroffenheit, denn dem theologischen Erkennen geht die Umkehr voraus. ***8**

Das „freie Gewissen", von dem Luther gesprochen hat, kann also keine „Gewissensfreiheit" universalen Ausmaßes meinen, sondern eine Freiheit in Christus. ***9** Da, wo Christus ist, ist Freiheit. Wo Christus nicht ist, ist Unfreiheit. Das war noch nie anders und wird nie anders sein. So hat Gott „Seine Welt" gemacht. Dass das in den protestantischen Kirchen im Lauf der Zeit immer mehr verlernt wurde, was Luther und Paulus mit der Freiheit in Christus meinen, ist sehr einfach zu erklären. Wo der Geist Christi nicht ist, kann es auch kein rechtes Verständnis von der Freiheit des Gewissens geben. Ob man da Angehöriger des Vatikan oder der EKD ist, spielt dabei keine Rolle. Weil die Gewissensfrage eine Christusfrage ist, stellt sich die Kirchenfrage gar nicht.

Weil die Gewissensfrage eine Christusfrage ist, ist sie aber zugleich eine Gotteswortfrage. Christus und das Wort Gottes stehen im Einklang und nie im Widerspruch. Genau das hat auch Luther gelehrt und genau das lehren die protestantischen Kirchen nicht mehr oder nicht mehr in dieser Klarheit. Auch hier gleichen sich protestantische Kirchen und katholische Kirche immer mehr an, was Sinn macht, wenn man wieder eins werden will. Sie werden dadurch gewissenlos, weil sie ohne das Gewissen Christi auskommen, wenn sie das Wort Gottes hinter ihr Verständnis, was Christus bedeutet, stellen. Dieser Ansatz ist wider Christus und führt systematisch und unweigerlich zum Verlust biblischer Wahrheit. Der nebulöse Christusersatz, der dadurch zustande kommt, dass man sich selber einen aus dem, was man zu glauben beliebt, zusammenreimt und –leimt, hat anti-christliche Züge. Auch Luther hat diese unbedingte Bindung, das organische Zusammensein von Bibel und Christus gesehen. ***10**

Dieses Zusammensein ist ein Zusammengehörigsein. Wer hier einen Keil zwischen Wort Gottes und Logos Gottes schieben will, betreibt Entheiligung, die an ihm selbst wirksam wird. Gottes Wort wird immer mehr von denen relativiert, die den Geist der Unterscheidung nicht haben, der das Wort recht zuteilt. Noch im 19. Jahrhundert konnte man klar unterscheiden zwischen ungläubigen Bibelkritikern und gläubigen Theologen, die am Fundament der Bibel festhielten. ***11**

Ohne Vorwarnung kommt Paulus im Brief an die Galater auf die Beschneidung zu sprechen. Nicht einmal Titus musste sich beschneiden lassen, das schon mal vorab. Diese Aussage lässt hier schon vermuten, dass die Jünger Jesu, oder wenigstens, die Juden, die aus der Gemeinde in Jerusalem gekommen waren, die ein anders Evangelium als Paulus predigten, die Forderung nach der Beschneidung gestellt hatten. Paulus nennt diese Verkünder sogar *„falsche Brüder, die sich eingeschlichen haben“* (Gal 2,4). Es gäbe keinen Grund sie *„falsch“* zu nennen, wenn ihre Lehren stimmen.

Paulus fragt so, wenn die Beschneidung gefordert ist, was ist dann die *„Freiheit, die wir in Christus Jesus haben“?* wert? Dabei geht es nicht nur um die Beschneidung, denn Paulus sagte ja selber beschnitten sein oder unbeschnitten sein ist nichts. Er würde daher die Befreiung von der Beschneidung nicht hochtrabend als Freiheit in Christus bezeichnen. Er meinte vielmehr, dass er den Nichtjuden zu predigen hatte, dass das „In-Christus-sein“ genug war, um von Gott gerecht gesprochen zu werden. Beschneidung und Torah waren dazu nicht notwendig. Diese waren an den alten Bund gebunden. Die „Knechtschaft“, welche die falschen Brüder den Galatern aufbinden wollte, ist dementsprechend nicht die Beschneidung, denn auch wenn man beschnitten ist, kann man tun, was man will, sondern die Überbetonung der Torah, die ja Paulus aus seiner pharisäischen Vergangenheit nur zu gut kannte. Sie musste unweigerlich zu ihrem Missbrauch führen. Es war eine Knechtschaft, die ihn dazu veranlasst hatte, die Christen zu verfolgen. Daher auch sein hartes Wort über die falschen Brüder.

Dass er sie aber *„Brüder“* nennt, zeigt, dass es Juden waren, die an Jesus Christus glaubten. Solche „falschen“ Brüder gibt es auch heute noch sehr zahlreich. Sie brauchen die religiöse Form, bei der ihre eigene Leistung eine mitentscheidende Rolle spielt. Auch die Torah wurde missbraucht als Frömmigkeitskatalog und Leistungserbringungsnachweis, eigentlich sollte sie mehr als Untauglichkeitsnachweis und Schuldbrief wegen der unbeglichenen Schuldenlast verstanden worden sein. Wo Gott sagt, *„du sollst“,* soll der Mensch ehrlich antworten *„ich kann nicht“*. In den Kirchen wird aber gepredigt, dass man sagen können muss, *„ich kann"*, weil man können muss. Der rechte Gebrauch der Torah hat immer den Fokus auf Christus gerichtet, wenn man schon weiß, dass Jesus der Messias ist. Wenn die Torah anstatt Christus fungieren soll, missbraucht man sie als anti-christliches Instrument, das in die Irre führt.

Es ist nicht so, dass das Nicht-Lügen plötzlich zu etwas Unchristlichem wird, sondern dass eine falsche Geisteshaltung dahinter steckt, die nicht zu Christus hinführt. Oder anders gesagt, ein Mensch kann noch so fromm und voller guter Werke sein, wenn seine Frömmigkeit und seine Werke nicht alleine Christus gelten, ist er noch lange nicht beim Ziel angekommen. Paulus war extrem zielgerichtet. Ein zu extrem kann es hier nicht geben. Für Paulus ist man ein falscher Bruder, wenn man den falschen Weg der Selbsterlösung auch nur zum Teil gehen will. Dann hätte aber Paulus heute Schwierigkeiten andere als falsche Brüder zu finden. Durch die gesamte Kirchengeschichte zieht sich das Phänomen, dass man schon immer und immer wieder versucht hat, Christus die Ehre zu nehmen, alles vollbracht zu haben, was es an Frömmigkeitswerken zum Heil bedarf. Was man da als Christ nicht alles tun muss, um ganz sicher gerettet werden oder zumindest sicherer als ohne dies: man muss getauft werden,- wehe, wenn kein Wasser da ist, man muss das fechte Bekenntnis vor der Gemeinde ablegen und am Abendmahl teilnehmen, -wehe, wenn keine Gemeinde da ist, man muss in die Kirche eintreten, - wehe, wenn man nicht genau weiß in welche!

Im Folgenden erklärt Paulus, was die Apostel in Jerusalem zu seiner Verkündigung zu sagen hatten:

1. „denn mir haben die Angesehenen nichts hinzugefügt" (Gal 2,6). Sie haben also dem Paulus nicht auferlegt, wie es gerne die falschen Brüder gesehen hätten, dass er doch die Beschneidung und die Torahfrömmigkeit von den Nichtjuden einfordern sollte,

2. „sondern im Gegenteil, weil sie einsahen, dass ich mit dem Evangelium der Unbeschnittenheit betraut bin, so wie Petrus mit dem der Beschneidung," (Gal 2,7 KÜ), gaben sie Paulus das Zugeständnis, so weiter machen zu dürfen.

   Die meisten Übersetzungen bringen hier ungenau „Evangelium für die ...". Aber für Paulus war es ebenso wenig wie für die anderen nur ein Evangelium für einen anderen Missionsbezirk oder einen anderen Adressatenkreis, sondern es ging um inhaltliche Differenzen. Wegen Inhalte war es zum Streit gekommen. Es stimmt, dass es zu früheren Zeiten kaum eine Heidenmission gegeben hatte. Aber sie war nicht unbekannt, wenn man sich darunter das vorzustellen hatte, was Jona nach Ninive getrieben hatte. Man glaubte sehr wohl daran, dass Gott all de Heiden, die Er dem Volk Gottes zuführen wollte, in die Gemeinde Israels eingliedern würde. Doch dann mussten diese Fremdlinge, die keine jüdische Mutter hatten, das Bundeszeichen der Beschneidung annehmen und sich in die jüdische Gemeinschaft eingliedern. Auch da ging es letztlich um Glaubensinhalte.

Hier gegenüber den Galatern werden die beiden Evangelien beim Namen genannt, es ist nicht nur ein Evangelium an die Nationen oder für die Nationen, sondern ein Evangelium der Nationen, das sich von dem Evangelium eines Petrus darin unterschied, dass Petrus für die Juden die Botschaft hatte, dass sie in ihrem Judentum nichts ändern mussten, außer dass sie glauben durften, dass Jesus Christus der Messias ist.

Warum diese strenge Trennung in zwei Apostelämter, wenn beide das gleiche predigten? Man bedenke, ein Apostel für die Nationen, zwölf Apostel für die eine Nation Israel. Natürlich predigten sie nicht das Gleiche. Das Evangelium, das

Jesus den Jüngern gegeben hatte, beabsichtigten sie dem Missionsbefehl entsprechend im ganzen Römischen Reich, soweit sie zu ihren Lebzeiten dazu in der Lage waren zumindest in der jüdischen Diaspora zu verkünden. Weit kamen sie dabei nicht, denn erstens gibt es keine verlässlichen Nachrichten darüber, was bei einer erfolgreichen Missionstätigkeit aber der Fall gewesen wäre. Es gibt nur eine Apostelgeschichte. Sie stammt von Lukas und er war Begleiter von Paulus. Nur der eine Apostel Paulus hinterließ literarisch und historisch unleugbar Spuren. Und selbst Paulus kam noch nicht einmal nach Spanien oder Gallien und sein Aufenthalt in Italien beschränkte sich auf wenig mehr als Rom. Die Mission der Jünger Jesu war nicht sonderlich erfolgreich, aus leicht verständlichen Gründen. Warum war Paulus erfolgreicher als die anderen zwölf, könnte man fragen. Aber war er überhaupt erfolgreich? Oder anders gefragt, wieviel haben die Christengemeinden ab dem Jahre 70 etwas mit Paulus zu tun?

Die Jerusalemer „Säulen", darunter Jakobus, Johannes und Petrus erkannten die Gnade, die Paulus zu seinem Dienst gegeben war. Das bedeutet doch, dass Paulus nicht das Gleiche lehrte, denn sonst hätte Paulus sagen können: *„sie erkannten, dass ich so wie auch sie das Evangelium verkündet habe."* So aber gab der Geist Gottes Ihnen die Einsicht, dass die Verkündung des Paulus nicht gegen den Geist Gottes war und daher nicht zu beanstanden war. Sie erklärten folgerichtig, dass Paulus zu ihrer Gemeinschaft der Gläubigen und Evangelisten dazugehörte, dass aber entsprechend der unterschiedlichen Lehren Paulus die für die Nationen passende Lehre den Nationen bringen sollte, während die anderen Apostel sich weiterhin den Juden zuwenden würde und auch daran nichts änderten. ***12**

Man sollte dabei beachten, dass sich in der Bibel keine Aussage finden lässt, wie Gottes Gedanken dazu waren. Die Gestalten der Bibel zeichnen sich regelmäßig dadurch aus, dass sie allerlei falsch machen, so falsch, dass ihnen Gott auch einmal einen sprechenden Esel schickt, um ihnen etwas zu verdeutlichen.

Manche Ausleger vertreten die Auffassung, dass es zwei Aussprachen zwischen Paulus und den Aposteln in Jerusalem gegeben habe, einen vor Abfassung des Galaterbriefes und einen danach. Das ändert jedoch nichts am Sachverhalt.

Paulus berichtet von seiner Autorisierung durch die Jerusalemer Jünger Jesu den Galatern, um sich zu legitimieren. Er war keiner der Jünger Jesus und diese lebten alle oder zumindest zum Teil noch und verkündeten ohne Ausnahme das Evangelium der Beschneidung. Da musste bei jedem Zuhörer von Paulus ein gewisser Zweifel aufkommen, ob er die rechte Lehre brachte, zumal messianische Juden aus Jerusalem gekommen waren, die ihre Sicht der Dinge den Galatern versuchten aufzudrängen. Im Unterschied zu den „Säulen“ in Jerusalem, hatten diese nicht erkannt, dass es tatsächlich richtig war, den Nichtjuden mit der Beschneidung und der Torah keine Lasten aufzubürden.

Paulus knüpft gleich daran, um den Fall deutlich zu machen, die Episode der Heuchelei von Petrus an, als dieser nach Antiochien gekommen war und zuerst mit den Nichtjuden zusammengesessen war, weil er wusste, dass Gott sie als rein betrachtete, wenn sie nur an Christus glaubten. *„Als aber Kephas nach Antiochien kam, widerstand ich ihm ins Angesicht, weil er dem Urteil verfallen war. Denn bevor etliche von Jakobus kamen, hatte er mit denen aus den Nationen gegessen; als sie aber kamen, zog er sich zurück und sonderte sich ab, da er sich vor denen aus der Beschneidung fürchtete.“* (Gal 2,11-12)

Ganz wichtig, es heißt „etliche von Jakobus“! Aus dem ist unweigerlich zu schließen, dass Petrus denen von Jakobus zeigen wollte, dass er die jüdischen Reinlichkeitsvorschriften, die nicht gestatteten, dass man Tischgemeinschaft mit Nichtjuden hatte, beobachtete. Das bedeutet wiederum, dass die von Jakobus, also die messianischen Juden aus Jerusalem, diese Gebote, die der Torah entsprachen, beachteten, ja mehr noch, dass Petrus zu wissen glaubte, dass diese messianischen Juden eine Tischgemeinschaft mit den Nichtjuden verurteilen würde, weil sie sie für mit der Torah unvereinbar wussten. Diese Episode zeigt eindeutig, dass die Jünger Jesu ein anderes Evangelium verkündeten als Paulus es gegenüber den Nichtjuden getan hat.

Die meisten Ausleger wollen hier einfach nicht die Tatsachen sehen, weil es nicht in ihre Theologie von dem einen Evangelium passt, das ausgerechnet sie zu vertreten glauben. Tatsache ist, dass die Jünger aus Jerusalem weiter die Torah befolgten, bis in alle Einzelheiten, bis in die Speisevorschriften, bis in die Reinheitsvorschriften. Und bis in die von den Schriftgelehrten propagierte mündliche Torah hinein, insoweit Jesus nicht explizit zu einzelnen Vorschriften etwas anderes gelehrt haben mochte. Was immer jedoch Jesus gelehrt hatte, Er hatte ganz offensichtlich nicht gelehrt, dass die Juden das Jüdische ablegen sollten, oder dass man sich nicht befleißigen müsse, die Torah zu halten. ***13** Paulus vertrat genau das gegenüber den Nichtjuden. Dies war nicht der Auftrag, den Jesus den zwölf Jüngern gegeben hatte. Aber es entsprach dem Auftrag, den Christus dem Paulus gegeben hatte.

Die Regeln des logischen Denkens und die Zurkenntnisnahme historisch bezeugter Abläufe sollte man unbedingt auch bei der Bibel anwenden, sonst kommt man auf keinen grünen Zweig, sondern gerät auf einen morschen Ast, der bei der geringsten Belastung abbricht. Vieles der traditionellen Theologie setzt sich aus Bruchmaterial zusammen.

Dem jüdischen Ausleger David H. Stern zufolge können die Juden „aus Jakob", die nach Antiochien kamen (Gal 2,12), keinesfalls von Jakob geschickt worden sein, denn sie beharrten ja auf den jüdischen Reinheitsgeboten und Jakobus hatte doch Paulus die rechte Hand der Partnerschaft angeboten (Gal 2,9). ***14** Diese Schlussfolgerung ist brüchig und missachtet das, was die Bibel wörtlich sagt. Was beinhaltete denn die Partnerschaft? Dass die Apostel um Jakobus zu den Juden mit dem Evangelium der Beschneidung gingen und Paulus zu den Nationen mit dem Evangelium der Unbeschnittenheit (Gal 2,7-10), nicht dass Jakobus in allem mit Paulus übereinstimmen musste. Stern unterstellt, dass es nicht möglich sei, dass die "aus Jakobus" tatsächlich von Jakobus her kamen.

In diesem Fall hätte die Bibel ein Versäumnis. Ausgerechnet der messianische Jude Stern verkennt, dass es für Jakobus keinen Grund gab, die Einhaltung der jüdischen Reinheitsgebote für Juden als obsolet zu erklären. Und dass er selber Tischgemeinschaft mit nichtjüdischen Gläubigen gehabt hätte, bedeutet nicht, dass alle seine Glaubensbrüder um ihn herum, das auch fertig brachten. Dass es offenkundig nicht so war, zeigt ja ganz deutlich das Beispiel von Petrus. Das Beispiel von Petrus zeigt sogar, dass es wohl nach wie vor Standard war, als Jude keine Tischgemeinschaft mit Nichtjuden zu haben, ganz gleich, ob diese Nichtjuden an Jesus glaubten oder nicht.

Ausleger Stern kann das nicht sehen, weil er die Auffassung vertritt, dass es nur ein Evangelium gab, nämlich das messianisch jüdische, das er vertritt. Er hat nicht verstanden, was die tiefgründigen Unterschiede zwischen der Botschaft von Paulus und der der übrigen Jünger war. Da Jakobus und Paulus Beauftragte Gottes waren, denkt Stern, müssen sie, vom heiligen Geist gesteuert, das gleiche Evangelium gepredigt haben. Das war aber mit Sicherheit nicht der Fall. Jakobus predigte das Evangelium der Beschneidung. Paulus predigte das Evangelium der Unbeschnittenheit. Insoweit ist die Annahme Sterns, dass die Juden „aus Jakob" nicht von Jakobus ermächtigt waren, eine Evangelisationstour zu den jüdischen Gemeinden in Antiochien zu unternehmen, nicht schlüssig. Die biblische Formulierung *„von Jakobus“* bedeutet genau das, was die Worte sagen, wobei die Übersetzung von Stern mit *„aus Jakobus“* eine noch größere Nähe und Verbundenheit signalisiert. Damit ist nicht gesagt, dass die *„von Jakobus“* in allem genau die gleiche lehrmäßige Ausrichtung hatten, aber doch ist es klar und kann kaum bestritten werden, dass sie im Wesentlichen inhaltlich das Gleiche verkündeten wie Jakobus, sonst würde die Bibel nicht diese Formulierung benutzen. Für Paulus war es klar. Er wusste, wo diese Leute herkamen.

Interessant ist aber die Vermutung Sterns, dass es Petrus, als er sich zu den Nichtjuden setzte, um das Prinzip der Überwertigkeit ging. Das besagt, dass man, wenn man die Wahl hat zwischen zwei guten Entscheidungen, immer die bessere wählen soll. Gut für einen Juden ist es, die Torah zu halten oder sich zumindest an den „Geist der Torah" zu halten, also keine Tischgemeinschaft mit Nichtjuden zu haben. Noch besser ist es, die Glaubensgemeinschaft aufrecht zu erhalten. Diese fintenreiche Spitzfindigkeit erscheint dennoch in diesem Fall nicht sehr überzeugend, denn Petrus hätte seine Tischgemeinschaft den Juden, von denen er Tadel erwartete, genau als Glaubensgemeinschaft erklären können und hätte sich das unehrliche Heucheln ersparen können. Sein Verhalten deutet eher darauf hin, dass Petrus einfach einen Streit vermeiden wollte, weil er wusste wie sehr die messianischen Juden aus Jerusalem und *„von Jakobus"* auf ihrer Gesetzlichkeit beharrten und andere damit zwangsläufig auch dann verurteilten, wenn es nichts zu verurteilen gab. Es ist anzuzweifeln, dass das Petrus genauso reflektiert hat, denn dann hätte er konsequenterweise erst Recht sitzen bleiben müssen. So wählte er nur den feigen Weg des geringsten Widerstandes. Petrus kannte seine Pappenheimer. Feigheit vor dem Feind ist nie etwas Gutes.

Immerhin nimmt im Talmud, dem jüdischen Kommentar zur Torah, die rituelle Reinheit ein Sechstel des Raumes ein. Den Talmud gab es im ersten Jahrhundert noch nicht als geschriebene Traktatensammlung, war aber in einer mündlichen Vorform vorhanden und lässt Einblicke in das typische jüdische Seelenleben zu. Rituelle Reinheit ist und war für orthodoxe Juden ein wichtiges Alltagsereignis. Die biblischen Protagonisten sind Juden, keine Protestanten oder Katholiken! Letztere lesen die Bibel immer durch ihre Vereinsbrille, was verständlich ist, denn wenn sie die Brille abnehmen, sehen sie gar nichts mehr.

Stern interpretiert den Begriff *„von denen aus der Beschneidung"* (Gal 2,12) falsch. Der Begriff bezieht sich auf das Evangelium der Beschneidung, das Paulus zuvor nannte. Und so nannte Paulus die Juden hier dementsprechend. Paulus stellt bewusst einen Beziehungszusammenhang her. Stern glaubt irrtümlich, sie als *„Partei... die sich für die Beschneidung der heidnischen Gläubigen aussprach"* betrachten zu müssen. ***15** Er begründet es mit einem klassischen Trugschluss. Er sagt, die Juden können nicht gemeint sein, weil ja Jakobus, Petrus und Paulus auch Juden waren, aber rechtgläubig. Da die Genannten aus der Beschneidung die an den Reinheitsgeboten Festhaltenden waren, müssen sie die Sondergruppe derjenigen sein, die nicht rechtgläubig waren, sondern an der Beschneidung für Nichtjuden festhielt. Um die Beschneidung geht es in diesem Abschnitt jedoch gar nicht ausdrücklich. Paulus macht im Folgenden (Gal 2,14-21) klar, dass es um Torah und jüdische Werkgerechtigkeit versus Gnade Gotts und Christus allein geht. Für Paulus gab es offensichtlich nicht die zwei Gruppierungen, an die Stern und mit ihm viele messianische Juden glauben, auf der einen Seite die rechtgläubigen Jünger Jesu mit Jakobus und Petrus auf der einen Seite, die in allem genau so dachten wie Paulus und dann auf der anderen Seite Jesusgläubige, die die jüdische Überlieferung überbetonten wie es schon die Pharisäer getan hatten. ***16** Paulus nahm diese feinen Unterscheidungen nicht vor, weil ihm das eigentliche Problem bewusst war, das ihm Petrus wieder so deutlich vor Augen geführt hatte, nämlich dass die Leute um Jakobus und Petrus noch nicht so richtig von ihrer Tradition weggekommen waren. Die Tradition enthält immer auch gute Absichten, die weniger gut umgesetzt werden.

Wichtig ist, dass Paulus in seinem Brief an die Galater, diese Episode benutzt, um den Versuch zu unternehmen, etwas klar zu machen. Er fährt nämlich damit fort zu demonstrieren, dass er durch die Torah der Torah und den Torahwerken, zu denen auch die Reinheitsvorschriften gehören, gestorben ist, auf dass er Gott lebe, und zwar durch Jesus Christus (Gal 2,16-20).

JCJCJCJCJCJCJCJCJCJCJCJCJCJCJCJCJC

Der Torah gestorben sein, um Christus zu leben

Gal 2,13-14.16.19-21

Der Torah gestorben sein, um Christus zu leben, bedeutet nicht, dass die Torah keine Funktion mehr hätte, denn der Satz zeigt, dass es einen engen Zusammenhang mit Christus gibt. Wenn der nicht gegeben ist, kann die Torah sehr wohl noch eine Wirkung entfalten, auch eine Wirkung, die darauf hinausläuft, erkennen zu können, dass es darauf ankommt, Christus zu leben. Auch erkennen zu können, dass die Torah immer mehr an Boden verliert, desto mehr man sich auf Christus einlässt, um Ihn zu leben.

„Denn ich bin durchs Gesetz dem Gesetz gestorben, damit ich Gott lebe; ich bin mit Christus gekreuzigt, und nicht mehr lebe ich, sondern Christus lebt in mir." (Gal 2,19-20) Auch Paulus löst hier nicht die Torah auf. Auch Paulus, wie vor ihm schon Jesus, sagt hier nicht, dass die Torah abgeschafft wäre. Sondern er spricht für sich! Er sagt *„Ich bin durchs Gesetz dem Gesetz gestorben"*. Er sagt nicht: *„Petrus, du bist dem Gesetz gestorben."* Er kann doch nicht für Perus sprechen! Er kann für überhaupt niemand sonst sprechen! Er sagt auch nicht, *„Ihr Katholiken, ihr seid dem Gesetz gestorben."* Ebenso wenig, wie er gesagt

hätte, *„Christus lebt in euch."* Er kann *„Christus lebt in mir!"* nur für sich selber bezeugen. Hätte er festzustellen gehabt, *„Christus lebt in dir, Petrus"*, hätte er auch sagen können, *„Petrus, du bist dem Gesetz gestorben."* Hätte er festzustellen gehabt, *„Ihr Methodisten, Christus lebt in euch!"*, hätte er auch sagen können, *„Ihr seid dem Gesetz gestorben!"* Christus braucht die Torah nicht, Er ist sich selbst Gesetz.

Wenn es nun Christen gibt, die Paulus so missverstehen, dass sie sagen, *„ich bin in der Nachfolge von Paulus, also lebt Christus in mir, und ich beobachte aber weiter das Gesetz"*, wo er doch für das Gesetz gestorben sein sollte, müsste er auch die Tischgemeinschaft mit den Reinheitsgeboten der Torah halten.

Das hatte Petrus nicht beachtet, als er bei der Tischgemeinschaft mit denen aus Jerusalem *„heuchelte"*. Fromme Heuchelei, d.h. die nicht konsequente Beachtung geistlicher Prioritäten führt immer zum Rückfall in die Gesetzlichkeit, bei der sich der Mensch immer versucht, selber zu rechtfertigen. Nachdem Petrus bereits verstanden hatte, dass er Tischgemeinschaft mit den Nichtjuden haben konnte, wie es die Torah nach dem Verständnis derer, denen die Torah gegeben war, nicht zuließ, beging er dennoch einen Verrat am Evangelium, weil er sich wieder aus dieser Tischgemeinschaft löste, nachdem die Leute von Jakobus aufgetaucht waren. Paulus wies ihn zurecht. Man kann, wenn man einmal frei in Christus ist, nicht wieder unter das Gesetz, weil das Gesetz, dann nur noch ein Sklavenhalter ist. ***17**

Der Bibelübersetzer und Bibelausleger David Stern sieht das anders. Für ihn hat die Torah nach wie vor volle Gültigkeit, denn sie sei ja „ewig". Aber er widerspricht sich selber, weil er auch annimmt, dass die Torah im neuen Bund „modifiziert" wurde. ***18** Wenn sie abgeändert wird, kann sie ja bis zum Zeitpunkt der Abänderung nicht ewig gewesen sein, außer, wenn man das hebräische „olam" für „ewig" seiner eigentlichen Bedeutung gibt, die mit Ewigkeit nichts zu tun hat. Der Gedankenfehler bei Stern ist, dass er nicht verstanden hat, dass die Torah immer legalistisch in den Augen und Herzen der Menschen ist, die nicht den Geist Gottes in sich wirken haben. Nicht die Unterscheidung zwischen Torah und Legalismus ist für Paulus hier das Entscheidende. Wer so unterscheidet, endet wieder im Legalismus, weil er sich wiederum an der Torah versucht. Anzunehmen, dass ausgerechnet Paulus und mit ihm der Geist Gottes, der ihn inspirierte, nicht in der Lage gewesen seien, anstatt Torah, wenn sie nur den Missbrauch der Torah durch den Legalismus meinten, eine zutreffende Umschreibung zu verfassen, erscheint doch eher töricht als durchdacht. Genau das will Stern in seinem Kommentar vertreten. ***19** „Erga Nomou", wörtlich „Gesetzeswerke" soll in Wirklichkeit für den Legalismus stehen. Gott hat also in einer so überaus wichtigen Angelegenheit keinen Klartext geredet, sondern *„eines der kaum enträtselten Geheimnisse des Neuen Testaments".* ***20** Stern hat das Geheimnis nicht enträtselt, sondern er hat künstlich ein Rätsel ersonnen, welches das Neue Testament gar nicht enthält. Das Rätsel sei, Paulus habe das Wort „Gesetz" geschrieben, aber den Missbrauch gemeint, und er habe von Gesetzeswerken geschrieben, aber Legalismus, also (übertriebene) Gesetzlichkeit gemeint. Ein typischer Fall von Eisegese, dem „Hineinlesen" eigener Anschauungen.

Wenn Paulus sagt, dass er sich der Torah gestorben sieht, weil er nun in Christus lebt, meint er aber nicht den Missbrauch der Torah, sondern die Torah selbst, denn ebenso wie man die Zielvorrichtung nicht mehr braucht, wenn man das Ziel erreicht hat, so braucht man auch die Torah nicht mehr, wenn man Christus hat. Niemand würde so töricht sein, die Zielvorrichtung als Ziel misszuverstehen. Und niemand käme auf die Idee die Zielverrichtung als schlecht anzusehen, wenn man das Ziel noch nicht erreicht hat. Genauso redet Paulus über die Torah. Jeder, der Christus nicht hat, kann die Zielvorrichtung anwenden. Sie wird ihm nicht das Heil bringen, aber auf das Heil und den Heiland vorbereiten.

Stern will beides, das Ziel erreichen und die Zielvorrichtung behalten, als ob er Angst hätte, doch noch nicht ganz das Ziel erreicht zu haben, oder es wieder verlieren zu können. Dieser Glaube ist aber der Standardglauben aller, die Christus tatsächlich noch nicht erreicht haben. Im geistlichen Niemandsland sollte Kritik an irrigen Vorstellungen einen Anstoß geben, vom Irrtum abzukommen.

Paulus sagt, dass er gerechtfertigt ist durch den *„Glauben an den Sohn Gottes“* (Gal 2,20 ElbÜ). So übersetzen es die meisten. ***21** Stern ist eine Ausnahme. ***22** Er hat *„die Treue, die der Sohn Gottes hatte“.* Auch die Konkordante Übertragung übersetzt wortgetreuer: *„i[m] Glauben, dem des Sohnes Gottes“.* Und sogar Luther 1912 hatte noch *„in dem Glauben des Sohnes Gottes“,* so wie schon die Ausgabe von 1545.

Die Übersetzung mit *„an“* ist ungenau und inhaltlich nicht richtig, denn der Glaube *„des Sohnes“* ist mehr als der Glauben *„an den Sohn“.* Die Dämonen glauben auch *„an“* den Sohn Gottes, weil sie wissen, dass Jesus der Sohn Gottes ist. Aber sie haben nicht den Glauben, bzw. nicht die Treue, wie das griechische pistis übersetzt werden sollte. Im Gegenteil sind sie extrem untreu.

„tē tou Huiou tou Theou“ heißt eigentlich nicht *„an den Sohn Gottes“*, sondern *„des Sohnes Gottes“*. Warum ist das ein Unterschied? Wer *„an"* jemand glaubt, ist das Subjekt und der andere ist das Objekt. Bei Paulus ist aber Christus das Subjekt, mit dem wir durch den pistis, die Treue, die vom Geist Gottes gestiftet wird, eins werden mit Christus. Es ist auch leicht verständlich, dass der Glauben, den wir glauben, der Glauben Jesu Christi ist, denn er kommt durch den Geist Christi in uns hinein und wird ja wohl selber über sich bestens Bescheid wissen. Wer sagt: *„Ich glaube an mich!"* kann im besten Fall meinen: *„Ich glaube, also bin ich!"* Es ist also bei einem Glied am Leibe Christi so, dass er nicht nur *„an Christus"* glaubt, sondern den Glauben und die Treue von Christus in sich hat.

Da ist Christus noch persönlicher und unmittelbarer in einem drin. Man ist bereits, zumindest anfänglich, eins mit Ihm gemacht. Man weiß, und glaubt nicht nur, *„also bin ich"*, sondern *„Christus ist"* und *„Christus ist in mir."* Das ist eine völlig andere Welt als ein Glauben *„an"*. Beim Glauben *„an"* befindet man sich noch mit den Beinen auf dem Boden des Irdischen. Beim Glauben bzw. der Treue Christi hat man eine unmittelbare Verbindung zum Überirdischen.

Bei Stern ist erstaunlich, dass er zwar wortgetreu übersetzt, aber selber anscheinend nicht von einer Unmittelbarkeit mit Christus ausgeht. Für Juden ist Gott so heilig, dass sie höchsten Respekt vor Ihm haben und Ihm nicht zu nahe kommen wollen. Aber das Ziel ist, das macht Paulus deutlich, Gott so nahe zu kommen, wie es näher nicht geht, weil man dann eins mit Ihm geworden ist. Das ist das Ziel unserer Existenz. Diese Vorstellung war nicht jüdisch und war mit ein Grund, warum die Juden Paulus mindestens fünf Mal verprügelt (2 Kor 11,24) und unzählige Male mit dem Tode bedroht haben (Ap 22,22-23; 26,21). ***23**

Nun sagt Paulus sogar, mit Petrus *„heuchelten auch die übrigen Juden, so dass selbst Barnabas durch ihre Heuchelei mitfortgerissen wurde."* (Gal 2,13) Mit den übrigen Juden sind die messianischen Juden in Antiochien gemeint. Als der „hohe Besuch" der Jerusalemer Urgemeinde kam, taten die Juden in Antiochien zur Enttäuschung von Paulus so, als hätten sie mit den christlichen Nichtjuden keine Tischgemeinschaft. ***24** Sie fürchteten das Urteil der Jerusalemer Jakobusgesandten. Und nun wirft Paulus dem Petrus, der sich schon den Antiochiern angepasst hatten prompt vor: *„Wenn du, der du ein Jude bist, wie die Nationen lebst und nicht wie die Juden, wie zwingst du denn die Nationen, jüdisch zu leben?"* (Gal 2,14) Damit hat er eindeutig folgendes gemeint: *„Du hältst dich hier an die Gepflogenheiten der Nichtjuden und lebst nicht wie ein Jude, der sich kompromisslos an die Torah hält, dann kannst du aber auch nicht von* *den Nichtjuden verlangen, dass sie wie Juden leben."* Und vor allem sollte Petrus nicht erwarten, dass all das, was er den messianischen Jüngern in Antiochien beibringen wollte über das Evangelium und den Messias, dadurch unglaubwürdig würde, wenn er sich zuerst zu den Nichtjuden hinsetzte und sich dann doch wieder heuchlerisch entfernte. Wenn man die Geschichte, wo er Jesus verleugnet, noch hinzunimmt, kommt man zu dem Schluss, dass Petrus ein Authentizitätsproblem hatte. Wer so ein Problem hat, fragt sich ständig, wo gehöre ich eigentlich hin. Oder er weiß es zwar, aber ist wetterwendisch, weil er keinen Ärger mit den Menschen bekommen will. Das ist eine in der Kirchenchristenheit weit verbreitete Untugend. Zwar ist das im Repertoire aller Menschen mehr oder weniger enthalten, aber gerade Christen sollten wissen, dass der Herr Jesus, da Er nun einmal ihr Vorbild sein sollte, eine breite Spur der Aufrichtigkeit und Unerschrockenheit gelegt hat wie kein Mensch zuvor oder nachher. Das sollte auch die Jesusjünger auszeichnen. Vielleicht war das ein Grund, warum Gott Paulus berief. Der hatte all das, was Petrus nicht hatte. Daher kann man auch zurecht sagen, dass die biblische Lehre viel mehr auf Paulus aufbaut, als auf Petrus, von dem auch nur zwei Briefe überliefert sind.

Paulus hatte ja sein Evangelium der Nationen von dem Evangelium der Beschneidung unterschieden und ausdrücklich das letztere das Evangelium des Petrus genannt. Wir haben keine Belege dafür, dass Paulus versucht hätte, Petrus und die anderen Apostel und Jakobus zu überzeugen, dass auch die Juden nun die Einhaltung der Torah nicht mehr befürworten müssten. Paulus wusste ja, Gott wollte auch weiterhin mit Israel den Bund gelten lassen, der den historischen Auftrag Israels beinhaltet. Nach diesem Auftrag soll Israel unter der Führung des Messias, die Völker zum Gehorsam für den Gott Israels bringen. Die Bibel nennt das in ihrer eigenen Sprache auch *„weiden"*. ***25** Gemeint ist alles, was man jemand geben muss, damit es ihm wohl ergeht. Dazu braucht Israel als irdisches Volk ein irdisches Land und irdische Segnungen. Ganz sicher hat

Paulus nicht verkündet, dass die nicht an Jesus gläubigen Juden nicht mehr die Torah benötigten.

Paulus kommt an dieser Stelle zu seiner eigentlichen Kernaussage. Er sagt *„weil wir wissen, dass der Mensch nicht aus Gesetzeswerken gerechtfertigt wird, sondern nur durch den Glauben Christus Jesus, haben wir auch Christus Jesus geglaubt, damit wir aus Glauben Christi gerechtfertigt werden und nicht aus Gesetzeswerken, weil aus Gesetzeswerken kein Fleisch gerechtfertigt wird.* " (Gal 2,16)

Das ist deutlich, mit Gesetzeswerken ist die Befolgung der Torah gemeint. Das ganze jüdische Leben dreht sich um die Befolgung der Torah. Und zwar schon deshalb, weil Gott das immer wieder eingefordert hat. Er gab Israel die Gebote und Israel versagte immer. Gott bezeichnete Israel sogar als untreu und verglich es mit einer Hure, weil es den Ehebund mit Gott nicht gehalten hatte. In der Ehe mit JHWH gab es einen Ehevertrag, den Bund vom Sinai. Die Braut Israel hatte sich an jeden einzelnen Punkt in diesem Vertrag zu halten. Die Geschichte Israels mit Gott ist eben auch die Geschichte von Israels Versagen, die Gebote der Torah zu halten. Kein Wunder also, wenn zur Zeit von Jesus oder Paulus das Hauptaugenmerk des religiösen Judentums auf dem sorgfältigen Beobachten der Torah beruhte.

Die Torah rechtfertigt nicht, weil es die Rechtfertigung nur durch Jesus Christus gibt. Das ist die klare Lehre von Paulus. Aber damals haben ihm die messianischen Juden ebenso widersprochen wie es heute viele Christen gibt, die es nicht für wahr halten können, dass man nichts zu seiner Erlösung beitragen kann. Es gibt ein Kirchenchristentum, welches es über 1700 Jahre geschafft hat, bis zum heutigen Tag an seinem Unverständnis festzuhalten. Aussagen wie: *„Man darf auch als Christ und gerade als Christ nicht sündigen und muss doch auch weiterhin die Gebote Gottes halten."* zeigen biblisches Unverständnis, da es nicht darum gehen kann, die Gebote Gottes nicht mehr zu halten, sondern den Willen

Gottes zu tun. Das ist ein Perspektivwechsel. Man soll die Dinge nicht mehr von der menschlichen Ebene aus beurteilen, sondern von der göttlichen Christusebene. Das kann man natürlich nur im Geiste Christi. Auf dieser Ebene tut man den Willen Gottes und stimmt mit dem Willen Gottes überein, weil man auf den Geist Christi hört und sein Wesen immer mehr verinnerlicht.

Die Torah ist stark limitiert und muss es auch sein, weil sie wandelbar sein muss. Sie muss immer den Willen Gottes abbilden und erfährt dadurch ständige Veränderungen. Eine Sabbatruhe wird unterbrochen, wenn man einen Ochsen aus dem Graben zieht. Man müsste also die Torah erweitern, um eine Vorschrift – „du sollst am Sabbat ruhen, außer..." Genau das haben die jüdischen Schriftgelehrten verstanden, dass die Torah immer weiter ergänzt werden muss, wenn man den Willen Gottes wirklich erfassen will. Das Dumme ist nur, mit dieser Methode erreicht man den Willen Gottes nie ganz. Gott kann auf der einen Seite gebieten: du sollst nicht töten! Doch dann kann Er auch wieder anweisen zu töten, wenn man an die Eroberungszüge Joschuas denkt oder an die Befehle, die Er König Saul gegeben hat. Das ist ein Beispiel für die Relativität der Wirkweite der Gebote.

Dann gibt es den Fall, wo Gott die Hinrichtung einer Ehebrecherin anweist. Auch das ist ein Bestandteil der Torah. Dann begnadigt Er wieder eine andere Ehebrecherin, die man vor Jesus hinstellt. Das ist ein Beispiel für die Relativität der Konsequenz der Gebote und dafür, dass Gott sich dem einen unverzüglich gnädig erweisen kann, ohne Rücksicht auf Seine eigenen Gebote, und dem anderen nicht (gleich). Das ist die Souveränität Gottes. Dabei ist es entscheidend, darauf hinzuweisen, dass Gottes Gerechtigkeit durch Jesus Christus immer auch in Seinen Gnadenerweisen drin steckt.

Meist wird ja die Gnade als Gegensatz zur Gerechtigkeit dargestellt. Das ist beim Menschen so, nicht bei Gott! Dem Gesetz nach verdient der Übeltäter den Tod, aber der souveräne Herrscher begnadigt ihn. Es ist auch unbedingt richtig, dass man die Gnade nicht verdienen kann. Bei Gott in Seinem Rettungs- und Vollendungshandeln mit den Menschen fallen aber Gnade und Gerechtigkeit zusammen. Jesus hat das am Kreuz demonstriert. Daher wissen wir es. Das Kreuz Christi hat zwei Balken. Das eine ist die Gerechtigkeit und das andere die Gnade. Gott schenkt den Menschen die Gnade der Erlösung, ohne dass sie etwas dafür tun müssen, weil es Jesus am Kreuz getan hat. Gott hält dabei an Seiner Gerechtigkeit und Heiligkeit fest, weil Er alle Sünden auf das Haupt Jesu gegeben hat. Die Gerechtigkeit, die Gott von den Menschen verlangt, hat Jesus für uns alle erlangt, indem Er für alle unsere Ungerechtigkeiten bezahlte. Jetzt bleibt nur noch eines zu tun, unters Kreuz zu gehen und sich Gott in Jesus Christus zu übergeben.

Sich die Rechtfertigung der Menschen durch die eigene Gerechtigkeit zu erkaufen, war ein Gnadenakt, vollbracht durch Jesus Christus, auf den sich alle Menschen berufen können, wenn sie nur ihre eigene Ungerechtigkeit bekunden und sich zu Jesus Christus, durch den die Gnade gekommen ist, bekennen. Das bedeutet aber zweierlei, erstens dass Gott sich dadurch mit Seinem Heilshandeln als gnädig erweist und zugleich rechtfertigt. Und zweitens, dass es für jeden einzelnen Menschen möglich gemacht wird, dieser Gnade teilhaftig zu werden.

Das betrifft die Ehebrecherin bei Jesus, die bereits einen Vorab-Gnadenerlass erfahren hat, ebenso wie die im Alten Testament wegen Ehebruchs Hingerichteten, die nicht das „Glück" hatten, Jesus zu begegnen. Sie haben den Gerichtsspruch *„wer sündigt, soll sterben"* erfahren. Aber über sie ist noch nicht das letzte Wort gesprochen, weil Christus auch für sie die gnädige Gerechtigkeit erwirkt hat und es nur noch darauf ankommt, dass sie vor diese Realität hingestellt werden und vor dem gnädigen Gott dankbar die Knie beugen. Er war ja auch verantwortlich dafür, dass Er sich ihnen nicht offenbart hat und sie in irgend einem dunklen Winkel des Nichtwissens und Nichtkennens im hinterwinkligsten

Hinterwalde leben und sterben ließ. Wann ihnen Licht erstmals scheinen wird, weil es Gott brennen macht, und wie lange das nicht sein wird, liegt nicht in der Macht von uns Menschen, sondern im Kairos Gottes. „Karos“ - das ist Gotteszeit. Doch Gotteszeit ist Gnadenzeit, das steht auf dem Kreuz Christi in sichtbaren Lettern für die, die es sehen können!

Das alles zeigt, dass es nicht auf die Reichweite und Kompetenz der Gebote Gottes ankommt, sondern auf den Willen Gottes. Welches der Wille Gottes im Einzelfall ist, muss immer wieder neu erfragt werden. Damit wird nicht der Gesetzlosigkeit das Wort geredet, als seien die Gebote jederzeit beliebig wandelbar. Christusmenschen werden immer eine hohe Tugendhaftigkeit haben. Sie dürfen sich darüber auch prüfen lassen. Aber man muss wissen, nur Gott ist absolut. Das Wesen Gottes ist unantastbar. Dazu gehören die biblisch festgelegten Wesenseigenschaften Gottes, die mit Seiner Persönlichkeit so sehr eins sind, dass er sich mit ihnen gleichsetzt. Gott ist Leben, Gott ist Licht, Gott ist Wahrheit und Gott ist Liebe. ***26** Wo immer Licht, oder Wahrheit, oder Liebe ist, ist Gott nicht weit.

Ohne heilsgeschichtliches Verständnis geht man fehl. Als den Jüngern Jesu das Ährenraufen vorgehalten wurde, weil man es als Arbeiten am Sabbat wertete, sagte Jesus, dass der Sabbat für den Menschen gemacht sei und nicht umgekehrt (Mk 2,27). Was heißt das, *„für den Menschen gemacht“*? Das heißt nicht notwendigerweise, dass er dann ein besseres Leben hat und von Gott gesegnet wird. Das heißt vielmehr, dass es ihm zum Heilwerden dient. Das rechte Heilwerden besteht aber darin, dass man sich zu Christus begibt. Das ist eine genauere Zielangabe als „die Gebote Gottes halten“! Das „Zu Christus“ beinhaltet bereits das Ziel, die Gebote Gottes haben das Ziel noch nicht. Das sieht man daran, dass die Juden im Dunkeln tappen, obwohl sie die Gebote haben! Die Juden haben seit mehr als dreitausend Jahren die Torah. Und doch haben sie das Heil in Christus immer noch nicht ergriffen.

Die Jünger waren ihrem Heiland gerade sehr nahe, als sie das Gebot des Sabbats nicht beachteten, wobei nicht gesagt sein soll, dass sie es überhaupt brachen, aber sie beachteten es nicht. Sie beachteten aber das Beispiel, das ihnen Jesus gab, Ihm folgten sie nach! Ein anderes Mal hat man Jesus eine andere Pflichterfüllung vorgeworfen, die man als Versäumnis, die Eltern zu ehren, verstehen wollte (Lk 8,20). Doch in Wirklichkeit war Jesus genau bei und in dem, was Er zu tun hatte. Das bedeutet, dass der Sabbat nur insoweit „heilig" ist, wie Gott es vorgesehen hat und das Gebot, die Eltern zu ehren, verliert seine Konsequenz, wenn man Gott gerade mehr Ehre geben soll. Ist das für die anderen Gebote nicht ebenso richtig?

Es dient der menschlichen Gesellschaft und dem friedlichen Miteinander, wenn man Menschen nicht töten darf. Aber was ist, wenn man sich nicht anders helfen kann, um einen Massenmörder zu stoppen, der gerade dabei ist, die eigene Familie umzubringen? Die Torah sagt auch, dass man kein falsches Zeugnis ablegen soll, aber Gott verantwortet, dass ein Lügengeist die Propheten des Königs Ahab betrügt. ***27** Es ist Gott, der sich selber als Wahrheit und den Satan als Vater der Lügen bezeichnet, und es allem Anschein nach zulässt, dass günstigere Voraussetzungen für das Sündigen der Menschen gegeben sind. Das kann nur rechtzufertigen sein, wenn Gott die Ungerechtigkeit, die dadurch entsteht und auch zu Unheil führt, wieder rückstandslos beseitigt.

Die Unfähigkeit der Menschen, erkennen zu können, dass das Theodizee-Problem zu lösen ist, liegt an ihrer Verweigerung, Gott mehr zuzutrauen als der Mensch kann und können will. Wobei das Entscheidende das Können-Wollen ist. Unversöhnte oder unbekehrte Menschen wollen nicht können. Das Theodizee-Problem ist kein echtes Problem, denn das wäre es nur, wenn es ein Unrecht oder ein Unheil gäbe, welches nicht vollständig berichtigt und geheilt würde. Wegen Röm 11,36. *„Denn aus ihm und durch ihn und zu ihm hin sind alle Dinge! Ihm sei die Herrlichkeit in Ewigkeit!"* *ist aber das am Ziel ankommen* *gesichert.* Es ist beschlossen und abgesegnet. Was zu Gott hin gelangt, gelangt durch Christus zu Ihm und kann nicht unheil oder unvollständig sein, weil es in Gott nichts Unheiles oder Unvollständiges geben kann. Es heißt genau deshalb auch *„Ihm sei die Herrlichkeit in Ewigkeit!"* Das ist kein Wunsch, sondern eine Feststellung! Das wird auch durch das Amen! bekräftigt! Wenn Menschen das „Amen!" sprechen, ist es ein Wünschen und Hoffen. Wenn Gott es spricht, ist es Sein Ratschluss und heißt: So ist es! Selbst wenn es zeitlich noch nicht ist, ist es schon fest beschlossen!

Die Torah als Bestandteil des Bundes Gottes mit dem Volk Israel, ist in letzter Konsequenz unheil und unvollständig. Heil gibt es nur durch den Heiland Christus. Vollständigkeit gibt es nur durch den Vervollständiger Christus. Heilsgeschichtlich zeigt sich, dass die Gebote Gottes zwar Ausfluss des göttlichen Willens sind, diese aber niemals erschöpfend den göttlichen Willen wiedergeben. Umso tröstlicher ist es zu wissen, dass den Nachfolgern Christi ein Geist gegeben ist, der alle Dinge beurteilen kann, wenn man ihn nur lässt. Es ist der Geist Jesu Christi. Und deshalb war es für Paulus auch so wichtig, den Juden der Begrenztheit der Torah die Unbegrenztheit und Universalkompetenz Christi gegenüber zu stellen.

Die Galater, denen wir den Galaterbrief verdanken, nicht weil sie ihn verfasst haben, sondern weil sie seine Verfassung notwendig machten, sind ein negatives Beispiel, denen die Kirchen der folgenden Jahrhunderte nachgefolgt sind. Christus plus Gesetz steht in ihrem Gesetzbuch. In ihren Statuten und Geboten wimmelt es von „Du sollst..." - Satzungen. Sie haben ähnlich wie die Juden ihre „mündliche Torah" zu einer Mischna und zum Talmud verfasst. Bei den Kirchen heißt es nur anders. Sie nennen es kirchliche Tradition oder Kirchenväter oder Apostolisches Glaubensbekenntnis usw. ***28** Ein Katholik denkt, sein Problem sei, dass er nicht immer alle Sünden gebeichtet hat und der Tod ihn kurz vor der nächsten Beichte überraschen könnte. Und er denkt, sein anderes Problem, das dem ersten gleich und ebenso wichtig sei, sei, dass er vielleicht nicht genügend gute Werke verrichtet hat, um es in den Himmel zu schaffen. Doch das sind in Wahrheit gar nicht seine Probleme. Er hat ein ganz anderes Problem. Dieses andere Problem ist tatsächlich sein einziges Problem. Er hat Christus nicht vollständig als Heiland erkannt. Christus ist für ihn nur ein Faktor, um nicht zu sagen ein Faktotum. Er ist nur ein Faktor von vielen, die zum Heil einen Beitrag leisten. Die anderen sind die Kirche mit ihren Sakramenten, die eigenen Werke, die Vergebung für die Sünden, die an bestimmte Bedingungen geknüpft ist, und vor allem das Ich. Ohne dass das Ich nicht will, kann Gott nämlich gar nichts machen. Die „anderen" Faktoren kann man aber unter dem Oberbegriff „gesetzliches Denken" zusammenfassen. Wer Christus und das Gesetz als Heiland gebraucht, kommt nicht zum Heilsziel. Er kommt vielleicht nach Rom, aber nicht zu Gott, jedenfalls nicht so wie er sich das denkt! Er braucht viel Metanoia, viel Umdenken!

Das Gesetz bedeutet immer den Tod, weil es Leben nur bringt, wenn man es komplett einhält. Aber wie lange hält man das durch, das Einhalten? Christus allein ist das Leben bei Gott. Christus ohne irgend einen Zusatz. Die meisten Kirchen kommen ohne Zusatz nicht aus. Und so gilt für sie das, was Jesus den Kirchenverantwortlichen von damals gesagt hat. *„Ihr verhindert, dass andere ins Himmelreich kommen."* (Mt 23,13) Einen schlimmeren Vorwurf gibt es kaum. Man muss für das Gesetz tot sein, um für Christus leben zu können. Man muss aber auch für das Gesetz tot sein, um mit Christus leben zu können! ***29**

Der Unterschied zwischen einem, der „in Christus“ ist und einem, der noch auf dem Weg zum Christus ist, ist der: in Christus „muss“ man nicht mehr die Gebote halten, sondern „wird“ man das Richtige, das Gottwohlgefällige tun. Johannes schrieb in 1 Joh 3,6 über das „In-Christus-sein“: *„Wer in ihm bleibt, der sündigt nicht.“* Und er sagt auch: *„Wer sündigt, der hat ihn nicht gesehen und nicht er-*

kannt.“ Die Torahfrömmigkeit ist das Zweitbeste, denn das bemühte Nichtsündigen -„Müssen“ ist dem Sündigen vorzuziehen. Aber Christen haben das Privileg das Allerbeste zu haben: Christus Jesus.

Den Galatern macht Paulus das unmissverständlich klar: *„Denn ich bin durchs Gesetz dem Gesetz gestorben, auf dass ich Gott lebe; ich bin mit Christo gekreuzigt, und nicht mehr lebe ich, sondern Christus lebt in mir“* (Gal 2,19-20). Wenn Christus in einem lebt, dann hat dort die Sünde keinen Platz mehr. Dann fragt man aber auch nicht mehr nach der Torah, denn Christus ist sich selbst Gesetz. Er ist das Gesetz, das höchste Gesetz. Das „Gesetz“ Sein Wesen zum Wesentlichen der Schöpfung zu machen.

Gottes Heilshandeln zielt darauf ab,

Sein Wesen zum Wesentlichen der Schöpfung zu machen.

Die Schöpfung soll ja nicht bloß in einen himmlischen Zustand versetzt werden, sondern zur Verherrlichung Gottes taugen. Und das kann sie nur, wenn sie Gottes wunderbares Wesen wiederspiegelt.

Die Torah wirft hingegen nur einen schwachen Schatten von Gottes Wesen, der nicht das erkennen lässt, was man nur im Licht und aus der Nähe ersieht. Den Juden und den Christen, die so sehr für die Torah eifern, gibt dann Paulus auch zu denken: *„Ich mache die Gnade Gottes nicht ungültig; denn wenn Gerechtigkeit durch Gesetz [kommt], dann ist Christus umsonst gestorben.“* (Gal 2,21) Da Christus bekanntlich nicht umsonst gestorben ist, kommt die Gerechtigkeit nicht aus der Torah.

Leider hat der messianischen Jude David H. Stern das nicht verstanden, sonst würde er „Gesetz“ in seiner populären Bibelübersetzung nicht mit „Gesetzlichkeit“ übersetzen. ***30** Er will nicht, dass seine geliebte Torah in Verdacht gerät, hier von Paulus angeklagt zu werden, untauglich für die Gerechtigkeit zu sein, die der Gerechte benötigt. Er liegt theologisch damit meilenweit von Paulus entfernt. Im Text steht „nomos“ und „nomos“ heißt Gesetz. Es steht hier natürlich für das Gesetz der Juden, die Torah, denn um nichts anderes ging es bei dem Streit mit den messianischen Juden, die aus Jerusalem gekommen waren, um in den Gemeinden von Paulus „nachzubessern“. Es geht nicht um das Gesetz des Bundesstaates Alabama. Und es geht nicht um eine verbesserte Handhabung der Torah, auch wenn die jederzeit wünschenswert ist, wenn man sie denn überhaupt handhaben will. Es geht darum, von der Torah das Augenmerk weg zur richten auf Christus hin.

JCJCJCJCJCJCJCJCJCJCJCJCJCJCJCJCJCJCJC

Mit Christus gerechtfertigt

Gal 2,17.19

Paulus sagt, dass wir *„in Christus gerechtfertigt“* werden (Gal 2,17). Der jüdische Ausleger Stern ist schnell dabei, den Worten der Bibel weitere hinzuzufügen, aber leider meint er auch, den wörtlichen Sinn der Bibel tadeln zu müssen. Paulus benutzt häufig den Begriff *„en Christo"* was wörtlich *„in Christus"* bedeutet. Stern behauptet *„in jemandem zu sein, ergibt für ihn („den modernen Leser") in diesem Zusammenhang keinen Sinn“.* ***31** Vielleicht meint er auch nicht indirekt, dass das Wort Gottes keinen Sinn macht. Aber könnte es nicht eher sein, dass es für Stern keinen Sinn macht, weil er es nicht versteht? Paulus redet deshalb oft vom *„in-Christus-sein",* weil er das in seiner Beziehung zu Christus so erlebt hat, was Jesus so ausgedrückt hatte: *„damit sie alle eins seien, wie du, Vater, in mir und ich in dir, dass auch sie in uns eins seien" (Joh 17,21)* Man kann nur eins sein mit jemand, wenn man ein in-niges Verhältnis zu ihm hat. Aber wie gesagt, befürchten ja viele Juden, die noch traditionell denken, Gott zu nahe zu kommen. Hätten die Juden Gott näher an sich ran lassen, wären sie damals nicht verstockt worden. Und schon früher wären sie nicht in die babylonische Gefangenschaft gegangen. Sie hatten schon immer ein Problem damit, der Heiligkeit Gottes sich anzunähern. Aber was für Juden gilt, gilt noch mehr für andere Völker. Da die Juden ganz besonders von Gott bevorzugt werden, müssen sie sich auch verdienten Tadel gefallen lassen.

Aus *„Denn ich bin durchs Gesetz dem Gesetz gestorben, "* (Gal 2,19) macht Stern: *„Denn dadurch, dass ich die Torah für sich selber sprechen ließ, bin ich ihrer traditionellen Missdeutung des Gesetzes gestorben."* Er hängt an das *„Gesetz“,* die *„Missdeutung“* des Gesetzes ran, als ob es das gleiche wäre. Jeder Rechtsverständige kann darüber nur den Kopf schütteln. Diese *„Missdeutung* *der Torah"* ist tragisch. Paulus sagt hier, dass alle Bemühungen, die Torah zu halten, ihm gezeigt haben, dass es nicht möglich ist und dass man deshalb unweigerlich des Todes ist, weil man die von Gott geforderte Gerechtigkeit nicht haben kann. Damit ist auch die Torah erledigt, denn nun kommt Christus und gibt die Möglichkeit nur durch die Treue zu Ihm die Gerechtigkeit zu erlangen, die die Torah nie zu geben vermochte. Damit lebt Christus in uns und die Torah hat ihren Zweck erfüllt. Sie hat damit letzten Endes auch ihre Nützlichkeit wie auch ihre Nutzlosigkeit erwiesen.

Paulus sagt: *„Wenn Gerechtigkeit durch Gesetz kommt, dann ist Christus umsonst gestorben."* (Gal 2,19) Stern übersetzt statt *„Gesetz"* mit *„Gesetzlichkeit"*. Das ist von Grund auf verkehrt. Ständig unterstellt er indirekt, aber deutlich, dass Gott bzw. Paulus nicht in der Lage gewesen seien, das zum Ausdruck zu bringen, was sie meinten. Ein Grundsatz bei der Exegese lautet, dass man zuerst schauen soll, ob die wörtliche Auslegung bereits einen naheliegenden Sinn ergibt, der zum Kontext passt. Wenn man einen Text dermaßen entstellt, dass bald das Gegenteil von dem heraus kommt, was wörtlich da steht und dazu dauernd zusätzliche Gedanken und ganze Thesen mit in den Text einfügt, dann macht man sich völlig unglaubwürdig. ***32** Gerade dadurch, dass man der Torah eine Stellung gibt, die ihr nicht zusteht, wird man das, was man vermeiden wollte, man wird legalistisch. ***33**

Paulus verkündete den Messias Jesus? Gut! Paulus verkündete, dass man für die Gerechtigkeit, die vor Gott gilt, keine Torah braucht? Nicht gut! Stern ist ein torahliebender Jude! Gut! Stern übersetzt das Neue Testament nach seiner Auslegung? Vorsicht! Paulus hat genau diese Torah gemeint, als er sagte, dass das „Gesetz" die Gesetzlichen ebenso wenig wie die Ungesetzlichen gerecht macht, denn sonst hätte Jesus beim Vater bleiben und darauf warten können, bis alle Menschen sich aus eigener Kraft die göttliche Gerechtigkeit durch Torahgerechtigkeit erarbeitet haben würden.

Und siehst du nicht, wie die Juden heute noch darauf warten? ***34** Aber warum wollen messianische Juden auch noch darauf warten? Um es zu verdeutlichen: Jesus hatte den Missbrauch der Torah angeprangert. Damit sprach Er konkrete Toraherweiterungen und Fehldeutungen an, zum Teil auch das mit der Überbetonung einhergehende Unverständnis über die Barmherzigkeit Gottes. ***35** Das ist ja auch heute noch das Problem der Gesetzlichen. Paulus prangerte auch den Missbrauch der Torah an. Aber nicht so sehr, weil man ihr noch was hinzufügte oder sich in Einzelfragen verirrte und dabei das Wesentliche übersah, sondern weil die Torah anstelle von Christus gesetzt wurde. D.h. während Jesus beklagte, dass man die Gebote unzureichend hielt – die gesamte Bergpredigt behandelt dieses Thema, beklagte Paulus, dass man die Gebote zwar hielt, so gut man es eben vermochte, aber sich dafür weniger an Christus hielt. Theologisch kann man hierin vielleicht Übereinstimmung erzielen mit den messianischen Juden, solange sie aber die rigorose Haltung von Paulus gegenüber der Torah nicht verstehen, laufen sie weiter Gefahr, sich in dem Bemühen, die Torah zu halten, zu verlieren. Verlust ist in diesem Zusammenhang sehr ungut. Das Ganze ist auch eine Statusfrage. Stehe ich in Christus und mit Christus, oder stehe ich noch auf eigenen Beinen? Wer in Christus ist, sieht die Torah mit anderen Augen und beurteilt sie anders, nämlich so wie Paulus. Er erkennt ihren Nutzen. Er erkennt aber auch ihre Limitierung. Wer noch auf eigenen Beinen steht, erkennt sie nicht und muss die Paulusworte umdeuten, weil er sie missversteht.

Teile des messianischen Judentums stimmen bei diesem Missverständnis sogar mit jenem Teil der Kirchenchristenheit überein, der sich als Ziel gesetzt hat, ins Königreich Gottes zu kommen und dabei die Hilfe der Gebote Gottes in Anspruch zu nehmen, die meist noch mit kirchlichen Ergänzungen ergänzt werden.

Im Halten der Torah scheint aber in auffälliger Weise das messianische Judentum besser abzuschneiden, denn die Kirchen haben vieles aus der Torah für abgeschafft erklärt. So halten sie z.B. den Sonntag als Ruhetag. Im Reich Gottes wird man sehen, welcher Tag der richtige ist. Nach der Bibel ist es der Sabbat. Zwar war der Sabbat, der siebte Tag bei der Schöpfung, der Ruhetag. Aber in 1 Mos heißt es nicht, dass deshalb dieser Tag ein Ruhetag für die Menschen sein soll. Der Mensch hatte ja vor dem Sündenfall alle Tage als Ruhetage. Die Unruhe kam erst mit dem Sündenfall und das Gebot, den Sabbat zu halten erst am Sinai zum Volk Israel. ***36**

Gott sieht sich grundsätzlich nicht gebunden an kirchliche Beschlüsse. Solche Beschlüsse wurden schon viele gefasst und kein einziger wurde im Himmel anerkannt. Auch schon Jesus hatte gesagt, dass kein Häkchen von der Torah vergehen würde, bis alles erfüllt wäre. Da Jesus zu Seinem Volk gekommen war, um es auf das kommende Reich vorzubereiten, bezogen sich die meisten Seiner Aussagen genau auf dieses kommende Reich.

Hätte sich „alles", was sich erfüllen sollte, nur auf alles, was sich bis zu Jesu Himmelfahrt ereignete, bezogen, wäre das zweite Kommen Jesu gegenüber dem ersten Kommen degradiert worden, was der sehnsüchtigen Erwartungshaltung Israels nicht gerecht geworden wäre. Auf das zweite Kommen Jesu warteten die Juden mehr als auf das erste, weil sie wussten, dass der Messias ein Friedensreich unter den Völkern mit dem Vorsitz Israels aufbauen würde. Für die Juden gab es nur dieses eine Kommen. Die Bedeutung, die der Messias als Opferlamm Gottes für sie haben musste, war ihnen weitgehend unbekannt. Für die Juden musste der Messias der Löwe Judas sein, nicht das Opferlamm der ganzen Welt. ***37** Auch hier kann Nächstenliebe und Versöhnungsbereitschaft zu einem besseren Verständnis des Messias weiterhelfen.

Da Jesus die Bedeutung des messianischen Kommens kannte, kann sich auch das „alles“, was sich noch erfüllen sollte, nicht nur auf sein erstes Kommen bezogen haben. Hätte sich „alles“ nur auf das bezogen, was sich bis zum zweiten Kommen Jesu ereignete, dann müsste man sich fragen, woran sich Juden und die Nationen halten sollen, solange sie den Geist Christi nicht haben. Naheliegend wäre, zu sagen, an die Torah. Aber welchen Teil der Torah? Die Opfervorschriften können es nicht sein, denn es kann nicht mehr geopfert werden. Die Zehn Gebote? Aber da hat die katholische Kirche frühzeitig dafür gesorgt, dass der Sabbat nicht mehr gehalten wurde in der Christenheit. Man muss also feststellen, dass zwar Jesus die Torah noch nicht abgeschafft hat, aber dass sie weder die Juden, wegen der Opfergesetze, noch die Kirchenchristen, wegen dem Sabbat und den übrigen jüdischen Feiertagen, eingehalten wird und dass das sehr wahrscheinlich noch bis zum zweiten Kommen Jesu so weitergehen wird. Also muss Jesus mit dem „alles erfüllt“ etwas gemeint haben, was noch später zu suchen ist.

Wie sieht es aus nach dem tausendjährigen Reich? Warum sollte Gott in diesem kommenden messianischen Reich ein neues Gesetzeswerk vorlegen? Sobald der Tempel gebaut ist, kann doch die ganze Torah wieder in Gebrauch sein, denn Jesus wird kaum von den Kirchen die Sonntagsheiligung übernehmen. Es werden zweierlei Fragen aufgeworfen, wenn mit „alles“ all das gemeint ist, was bis zum Ende des messianischen Reichs gelten soll. Erstens ob die christliche Kirche recht gehandelt hat, als sie die Gebote zum Teil abschaffte und veränderte und zweitens, wenn Christus sagte, dass kein Häkchen der Torah abgeschafft wird, werden dann im Reich Gottes nicht sogar die Opfergebote wieder in Kraft gesetzt?

Die Antwort auf biblische Fragen sollte man stets in der Bibel suchen. Die prophetischen Texte aus dem Alten Testament bestätigen, dass die Torah zumindest zum Teil, wahrscheinlich aber ganz, und auch in ihrer typisch jüdischen

Ausprägung, noch im messianischen Reich gelten. ***38** Dennoch geschieht die Erfüllung der heilsgeschichtlichen Gotteswerke prozessmäßig, alles ist bereits jetzt dabei, sich zu erfüllen.

Was Paulus hier in Gal 2 sagt, steht im Kern seines Evangeliums und dürfte mit so einer Deutlichkeit von niemand sonst, auch und gerade nicht von den anderen Aposteln, den zwölf Jüngern Jesu und Jakobus, dem Bruder Jesu, gebracht worden sein. Nicht von ungefähr gibt es von ihnen nur wenige Briefe. Zehn der ehemaligen Jünger Jesu haben nichts zum Neuen Testament beigetragen. Bei den Briefen von Johannes muss man berücksichtigen, dass sie vermutlich zu einer Zeit geschrieben worden sind, als die Briefe von Paulus längst bekannt und lange Zeit im Umlauf gewesen waren. Es ist noch nicht einmal sicher, ob sie überhaupt Briefe geschrieben haben. Und wenn, dann waren sie für Gott nicht bedeutend genug, um sie später den Weg in die Gesamtbibel finden zu lassen.

Warum die spätere Kirche bei der gewollten Abgrenzung zum Judentum und zu den messianischen Juden Paulus nicht verstanden hat, liegt daran, dass sie ihn nie verstehen konnte, ohne den Geist des Verstehens. Aber ohne diesen Geist will man auch nicht verstehen, was gegen den Gebrauch der eigenen Beine, auf denen man selbständig stehen will, gerichtet ist. Sicher ist es nicht ganz abwegig, auch daran zu denken, dass der aufkommende Judenhass, den Satan in allen Filialen seiner Geistigkeit gesetzt hat, Weichen stellte, die manche mögliche Einsicht verbaute.

Bei religiösen Menschen ist meist ein Grundproblem vorhanden, das sie davon zurückhält, sich ganz auf Gott einzulassen. Nach der Lehre der Bibel kann der Mensch nur durch seinen Weg mit Jesus Christus das von Gott vorgesehen Ziel seiner Existenz erreichen. Das Neue Testament bezeichnet Jesus Christus als den Weg und die Wahrheit und lässt keinen Zweifel darüber, dass es keine anderen Wege und Wahrheiten gibt, die den Menschen ans Ziel bringen. Menschen gehen gerne ihre Eigenwege. Sie haben ja selber Beine. Das Ich will selbst über sich bestimmen. Der religiöse Mensch bevorzugt die Religion gegenüber der Wahrheit, weil er es nicht einsehen will, dass er nichts selber zu seinem Heil beitragen kann und alles Gottes Gnade zu verdanken sein soll. Er will nicht glauben, dass nichts was an ihm ist und was er darstellt, wirklich taugt im Himmel. Er bemerkt nur nicht, dass er sich dadurch gegen Gott sperrt. Aber er handelt, seiner Natur gemäß folgerichtig, denn von jemand, den man nicht so kennt, nimmt man nicht so gerne Geschenke wie von jemand Nahestehendem.

Wären die Menschen Gott nahe, den sie entweder als bedrohlich oder überfordernd empfinden, würden sie Ihn kennen und Seine gnädige Zuwendung lieben, so wie die Braut von ihrem Bräutigam. Sie missversteht die Annäherungsversuche des Bräutigams nicht und lässt ihn deshalb gewähren. Darum geht es Gott, wir sollen Ihn gewähren lassen. Dann kann Gott Erkenntnis von Seiner alleinseligmachenden Gnade schenken. Die Kirche hat eintausend Jahre lang durchs gesamte Mittelalter hindurch den Menschen das bedrohliche Bild eines Rächergottes vorgezeichnet, der jeden in die Hölle wirft, der sich nicht der Kirche unterwirft. Solche Vorstellungen verhindern natürlich eine vertrauensvolle Vater-Kind Beziehung. Welches Kind vertraut vorbehaltlos einem Vater, der es wegen eines Fehltritts in den dunklen Keller wirft, aus dem es kein Entrinnen mehr gibt? Oder der eine ausbeuterische, die Seele vergewaltigende Kirche bevollmächtigt, an Seiner statt zu handeln?

Damit ist nicht gesagt, dass jeder, der die Lehre von Paulus über die Gnade versteht, eine große Nähe zu Gott hat. Aber einer, der sie nicht in ihren Kernaussagen versteht und nicht für richtig hält, kann keine große Nähe zu Gott haben. Zwischen sich und Ihm hat er immer den Vorbehalt, dass Gott etwas von ihm will, ohne welches er nicht die Kindschaft erhält. Das ist ungefähr so wie wenn Adoptiveltern ihr Kind nach Bedingungen aussuchen und dem Kind zu verstehen geben, wenn es die und jene Bedingung nicht einhält, kann es nicht mehr Kind sein. Wie soll das Kind unter diesen Umständen Zuneigung zu seinen Adoptiveltern entwickeln? Wie soll man Zuneigung zu Gott entwickeln, wenn man nicht weiß, ob die guten Werke, die die Religion fordert, ausreichen? Gegen die Relevanz religiöser Forderungen ging Paulus zeitlebens an. Man warf ihm vor, er wolle die Gebote Gottes, die Torah der Juden, abschaffen. Dabei ging es ihm nur darum zu zeigen, dass der Mensch nichts tun kann, um sich selber die Erlösung zu verdienen und dass man völlig auf die Gnade Gottes angewiesen ist, wenn man Gott näherkommen will. ***39**

Gottes Gnade durch Jesus Christus verschafft dem Menschen die Rechtsprechung und „Eignung", die er dazu braucht. Man kann schon im Alten Testament bemerken, was dann im Neuen Testament deutlich ausgeführt wird, dass bei Gott und Seinem Heilsplan Gnade bzw. Barmherzigkeit und Gerechtigkeit eine für die Heilung der Schöpfung herausragende Beziehung zueinander haben. Wenn Gott sich dem Menschen heilsam zuwendet, tut Er es immer aus Barmherzigkeit. Dabei geht es Ihm zugleich immer um Gerechtigkeit. So wie Gerechtigkeit mit Heiligung hat Gnade mit dem Heil zu tun. Gott ist vollkommen, in jeder Beziehung heil, daher „heilig". Wenn der Mensch vollkommen so sein will, wie Er nach Gottes Absicht sein soll, muss er ebenfalls „heilig" und damit „gerecht", also fehlerlos, makellos, in jeder Beziehung „richtig" sein. Da der Mensch das von sich aus nicht erreichen kann, weil ihm dazu die Fähigkeit fehlt, hat Gott nun selbst durch Jesus Christus alle Gerechtigkeitsdefizite des Menschen ans Kreuz genagelt. Jesus war der einzige gerechte, d.h. ganz dem Willen Gottes entsprechende Mensch. Durch Sein makelloses Leben hat Er den Fluch, der über der ganzen Menschheit lag, in Unheiligkeit getrennt von Gott sein zu müssen, gebrochen. Damit ist der Weg frei, Gott nahe zu kommen, denn das Heil für den

Menschen ist nun zugänglich. Gottes Gnade hat es also ermöglicht, durch Jesus Christus die Gerechtigkeit und Heiligung zu erlangen, die man braucht.

„Gerechtigkeit ohne Barmherzigkeit ist lieblos. Barmherzigkeit ohne Gerechtigkeit ist entehrend!" (Bodelschwingh) ***40** Es geht also um Ehre, Gottes Ehre und des Menschen Ehre.

Die Torah verhalf wie alle Gebote Gottes den Juden, den Prozess der Heiligung und der Erlangung von mehr „Gerechtigkeit" zu beginnen und kennenzulernen. Das Verhältnis der Torah zu Jesus Christus ist aber nach der Lehre von Paulus das wie eine annähernde Zielgebung zum Ziel selbst, denn Gottes Gnade und Gerechtigkeit sind in zu Gott hinreichendem Vollmaß nur durch und in Jesus Christus zu erlangen. Man muss also am Ziel angekommen sein, um am Ziel zu sein. Die Torah ist nicht das Ziel. Und daher kann sie bestenfalls eine Annäherung sein. Wer in der Torah stecken bleibt, erreicht das Ziel nicht. Ganz gleich wie sehr man sich mit der Torah abmüht, das Ziel Jesus Christus muss erreicht werden, sonst bleibt man von Gott entfernt. Die Torah kann also allenfalls eine „Wegzehrung" und „Wegweisung" sein.

Paulus hat erkannt, dass damit jeder Religion eine klare Absage erteilt wird. Von den Juden wurde er daher bekämpft, weil sie ihn verdächtigten, die Nutzlosigkeit der Torah zu lehren. Aber auch Jesus hatte die Torah nicht als aufgelöst erklärt. Man kann sogar die Bergpredigt als Torahkommentar verstehen, der noch ganz jüdisch ist. Hätte irgend ein jüdischer Rabbi in Babylon oder Alexandria die Bergpredigt gegeben, würde man sie vielleicht sogar im Talmud vorfinden. Doch während Jesus in der Bergpredigt verdeutlicht, dass kein Mensch von sich aus gerecht werden kann, weil es einfach unmöglich ist, alles was man zum Vollkommensein vor Gott braucht, zu erfüllen, gibt Paulus, der ja, bevor er Jesus

Christus begegnet war, selber ein Eiferer für die Torah gewesen war, die Antwort auf die Frage: *„Wie kann ich dann heilig und heil, gerecht und gerettet werden, wenn meine Bemühungen niemals ausreichen?“* Die Antwort lautet: Durch Jesus Christus. Es braucht den Geist Christi, die Reinheit, Heiligkeit und Nähe von Christus zu Gott. Es braucht Gottes Wesensmäßigkeit. Es braucht Gottes Wesen. Es braucht das Sosein Gottes. Und zuvor braucht es das, was Jesus am Kreuz eingelöst hat. Die Sühnung der Sündenschuld.

Aber, könnte man einwenden, sollte jemand, der Armen und Kranken Obdach gibt, wirklich keine große Nähe zu Gott haben, nur weil er nicht daran glaubt, dass Christus zum Heil ausreicht? Tatsächlich entscheidet Gott selbst, zu wem Er eine große Nähe hat. Die Bibel macht aber den Weg zu Gott schmal, so schmal, dass keiner an Jesus Christus vorbeikommt, wenn er zu Gott will. Der göttliche Status ist der Christusstatus. Ein schmaler Weg bedeutet nicht, dass nicht jeder darauf gehen könnte. Entscheidend ist, ob er sich von Gott zu Christus und von Christus zu Gott ziehen lässt. Der schmale Weg ist der Christusweg. Die Kirchen behaupten, dass der schmale Weg nur Wenigen vorbehalten wird. Das ist biblisch, wenn man ergänzt, dass Jesus vom Weg ins messianische Reich gesprochen hat (Mt 7,13f). Die meisten Menschen werden nicht in dieses Reich eingehen. Aber Paulus sprach von einem anderen Ziel. Der Gemeinschaft mit Gott, der Zugehörigkeit zum Gottessohn, dem Messias und Bräutigam Israels.

Wenn sich jemand beklagt, dass er nichts von Gottes Nähe spürt, bedeutet das nicht, dass Gott ihm nicht nahe ist. Sogar Jesus beklagte am Kreuz, als er die Sünden der Welt auf sich nahm, dass Gott Ihn verlassen hatte. Und bei dem verhältnismäßig „gerechten“ Hiob (Hes 14,20) wird die Klage zur Anklage (Hiob 34,5). Aber beide haben sich nicht gefragt, ob es Gott wirklich gibt. Solcherlei Fragen um die Uranfänge kann man nur stellen, wenn man Gott nicht nahe ist.

Gute Werke oder Torahfrömmigkeit führen diese Nähe nicht herbei, ebenso wenig wie Kimme und Korn den Abstand zum Ziel verringern. Sie können bei einem Menschen sogar dazu führen, dass er Ansprüche an Gott stellt. Er sagt dann: *„Ich bin ein guter Mensch, denn ich vollbringe gute Werke. Du schuldest mir was!“*

In den Himmel kommen aber keine guten,

sondern erlöste Menschen.

Wer sich also darauf spezialisiert hat, gute Werke zu tun und darauf, seine Frömmigkeit aufzubauen, muss sich darauf gefasst machen, dass ihm gesagt wird, *„du hast deinen Lohn schon!“* (Mt 6,2.5.16) Für gute Werke wird man vielleicht vom Vatikan heiliggesprochen, insbesondere wenn der Vatikan von den guten Werken profitiert hat. Bei Gott ist man deshalb noch lange nicht heilig, weil Er bestimmt, wer heilig ist und zwar unabhängig von den Werken! Als Jesus Seinen jüdischen Jüngern sagte, dass sie lösen und binden würden, bezog sich das auf das Kommen ins messianische Reich Israels. Es ist wirkungslose Anmaßung, wenn Jahrhunderte später Italiener, Argentinier oder Deutsche, die sich zwar zum Glauben an Jesus bekennen, aber Jesus gar nicht kennen, sich zu einer Kirche zusammentun, die sie neues Israel nennen und daraus ableiten, dass das, was Jesus in einer bestimmten heilsgeschichtlichen Phase zu einer von Ihm vorgesehenen Auswahl von Menschen aus Israel gesagt hat, nun für sie gelten würde. Analoge Geltung können sie haben, nämlich wenn ihnen gesagt wird, dass sie ihren Lohn schon dahin haben.

Besser als auf Lohn aus zu sein, ist, sich an Seiner Gnade zu erfreuen und sich dabei Gottes Willen zu öffnen. Diese Gnade schenkt auch Gotteswerke. Das sind die Werke, die Gott haben will, nicht die Werke, die man selber haben will und dann als Gotteswerke bezeichnet. Es sind die Werke, deren man sich nicht rühmt, weil sie nur zum Ruhme und zur Ehre Gottes erbracht werden. Eine Braut ist ja auch nicht auf Lohn aus, wenn sie ihren Bräutigam beschenkt, sondern sie tut es aus Liebe und sie weiß um die Liebe ihres Bräutigams. Ebenso soll es bei den Menschen sein, wenn sie etwas für Gott tun. Da geht es nicht um Lohn. Um Lohn geht es bei Arbeitgeber und Arbeitnehmer, bei Herr und Knecht. Gute Werke tun, um Gott günstig zu stimmen, ist nicht das, was Gott will. So sind die Götter der Heiden. Der Gott der Bibel, der Gott Israels, will die Liebesbeziehung, die keine Bedingungen kennt, weil sie dann ihre größte Tiefe erreicht. Gott liebt den Menschen bedingungslos, deshalb stimmt es auch nicht, wenn manche sagen, dass die Liebe vor den Toren der Hölle kehrt machen müsse. Gerade da erweist sich die wahre Liebe. ***41**

Man vermenschlicht Gott, wenn man Ihm Grenzen gibt, die den Menschen gesetzt sind. Man überträgt die eigenen Erfahrungen über die menschlichen Unzulänglichkeiten auf Gott. Da heiratet ein Brautpaar aus Liebe und erfährt, wie leicht es fällt, den anderen zu lieben, wenn man von dem anderen geliebt wird. Nur in einer Ehe erfährt man es so intensiv. Doch dann beobachtet man, wenn man es nicht sogar selber erfährt, dass sich Geschiedene bis zum Hass bekämpfen können. Es stellt sich heraus, dass die Liebe nicht bedingungslos war. Als die Bedingungen nicht mehr eingehalten wurden, verflüchtete sich die bedingte Liebe ganz schnell. Das ist das zuverlässigste Zeichen dafür, dass es eine menschliche Bedingungsliebe war. Wer bedingungslos liebt, hat die göttliche Liebe. Diese hat man sich nicht herausgesucht, sie stammt von Gott und ob man sie hat, kann der andere erkennen, wenn der Gegenüber treu bleibt. Mit Treue ist das gemeint, was eine gute Mutter ihrem Kind gegenüber hat. Die Mutter leidet unter Umständen schwer unter den Schmerzen, die ihr das Kind zufügt. Aber sie liebt es doch, weil sie gar nicht anders kann. Göttliche Treue ist von einer anderen Kategorie als das was Menschen darunter verstehen.

Gott hat heilsgeschichtlich diese Liebe, die sich in bedingungsloser Treue äußert, bereits eindrücklich unter Beweis gestellt, als Er Seinen Sohn opferte, obwohl die Braut Israel bereits mehrfach Ehebruch begangen hatte. Ehebruch ist ein Akt der Untreue. Trotzdem liebte der Bräutigam Jesus Christus Seine Braut so sehr, dass Er sich für sie opferte. Er sagte nicht, *„die will ich nicht mehr haben“* oder *„darüber komme ich nicht hinweg“* oder *„sie ist meiner nicht wert“*, vor allem sagte Er nicht das, was man jedem einräumen können wird, der in eine vergleichbare Lage gekommen ist: *„ich muss mich selber schützen vor weiteren Verletzungen“.*

Jesus nahm alles auf sich, aus göttlicher, bedingungsloser Liebe und Lust, Sein Wesen der Gnädigkeit auszuleben. Er hat es bis zur Selbstaufgabe ausgelebt. Manch junger Mann hat zu seiner Braut gesagt *„Ich würde mein Leben für dich geben“* und meint eigentlich, *„vorausgesetzt, du liebst mich auch und bleibst mir treu“*, plus eine unbekannte Zahl weiterer Bedingungen, die erst dann dem jungen Mann selber bekannt werden, wenn sich dann die Situation dementsprechend einstellt.

Alle diese Liebesbeziehungen sind endlich und ihre Reichweite und Tiefe ist begrenzt. Nicht so bei der Gottesliebe. Wer die hat, muss unter Umständen viel leiden, so wie Gott bis zum heutigen Tag leidet, weil Er von den Menschen, die Er alle liebt, so wenig zurückgeliebt wird. Aber der Mensch hat etwas Göttliches in sich, was ihn über den Tod hinaus begleitet. Gott hat die Rettung der Menschenkinder beschlossen, obwohl sie doch allesamt rettungslose Sünder waren und Er hat die Rettung bereitgestellt, ohne es an die Bedingung zu knüpfen, Ihn zuerst lieben zu müssen. Er hat mit der liebevollen Annäherung begonnen, behutsam wie ein Vater sich seinem störrischen, verstockten Kind nähert, nicht fordernd und doch mit weisem Nachdruck wegen der Heilsamkeit Seines Vorhabens. Der Mensch hat nichts weiter zu tun, als diesem „Liebeswerben“ nachzugeben und dem Walten der göttlichen Vernunft Raum zu geben.

Wie steht aber die Liebe Gottes in Beziehung zu Seiner Barmherzigkeit und Gerechtigkeit? Gott liebt die Menschen so, dass Er die Gerechtigkeit, die Er von ihnen verlangt, weil es ohne sie keine Existenz bei Ihm geben kann, durch barmherzige Zuwendung bereitstellt. Das hat Er durch Jesus Christus getan. Und weil Christus der Weg und die Wahrheit ist, bleibt diese barmherzige Zuwendung auch erhalten. Gott hat keinen Rettungsladen aufgemacht und hängt dann ein Schild an die Tür: Geschlossen! Gott kann nicht Seinem heiligen, gerechten, barmherzigen Wesen zuwiderhandeln und tut es auch nicht. Das bedeutet aber auch: Würde Er nicht für die Heiligung im Prozess des Heilwerdens sorgen – was nur in der Theorie angedacht werden kann -, würde Er Seinem heiligen Wesen Unehre antun und sich selber untreu werden. Daran sollen sich auch Menschen ein Beispiel nehmen. Wer „gerecht" sein will, darf niemals die Barmherzigkeit vergessen, sonst verkommt seine Gerechtigkeit zu einer fruchtlosen Selbstgerechtigkeit. Und umgekehrt! Gerechtigkeit hat immer eine gerechte Außenwirkung und Nächstenwirkung. Wer immer nur begnadigt und toleriert, ignoriert die Forderung nach Gerechtigkeit und verleugnet das Vorhaben Gottes, das Heil durch Heiligung und Durchbrechenlassen von „Gerechtigkeit" zu schaffen. Das aber verunehrt Gott und die Menschen. Wenn man also wirkliche und echte „Gerechtigkeit" herstellen will, muss man sich von Gott gerecht machen lassen und anderen gegenüber nicht ohne diese erworbene Gerechtigkeit walten lassen. Deshalb ist es falsch, andere zu verdammen und ihnen jemals die Erlangung der von Gott herzustellenden Gerechtigkeit und Heiligkeit endgültig abzusprechen. Endgültigkeiten sind ebenso wie Ewigkeiten Gottes Sache. Man kann nur Aussagen zum Weg des Heils machen. Gottes Wege mit den Verdammten und Ungerechten ist Seine Sache. Wenn einmal die Schöpfung heil und geheiligt ist, ist es zur Ehre und Verherrlichung Gottes geschehen.

JCJCJCJCJCJCJCJCJCJCJCJCJCJC

Der Missbrauch der Torah

Gal 3,2-3.5-6.10

Wenn ein Jude an der Torah festhält, tut er das, weil er noch nicht gelernt hat, sich an Christus festzuhalten. In dem Maße wie man Christus ergreift, vielmehr von Ihm sich ergreifen lässt, lässt man auch die Torah los. Sie verliert dann mehr und mehr an Bedeutung.

Nicht die Verletzung der Gebote der Torah ist das,

was den Menschen von Gott trennt,

sondern das nicht so sein wie Gott ist!

Wer die Torah irgendwie anstelle von Christus gelten lässt, missbraucht sie. Und so kommt es zu der absurden Situation, dass auch diejenigen, die vor dem Missbrauch der Torah warnen, sich gerade durch die Konzentration auf den Missbrauch, das eigentliche Ziel ihrer religiösen Ausrichtung nicht erreichen oder gar verkennen. Der größte Missbrauch der Torah erfolgt also durch die Bemühung, sie recht zu beachten und darüber Christus daneben zu stellen.

Das rechte Beachten der Torah geschieht dadurch,

dass man Christus nachfolgt.

In Gal 3,2 fragt Paulus die Galater: *„Habt ihr den Geist aus Gesetzeswerken empfangen. Oder aus der Kunde des Glaubens?"* Stern macht daraus: *„Habt ihr den Geist durch die zur Gesetzlichkeit entstellte Befolgung der Gebote der Torah empfangen?"* ***42** Die Frage impliziert, dass zwar nicht aus der zur Gesetzlichkeit entstellten Befolgung der Torah der Geist empfangen wurde, dass das aber durch die Torah möglich wäre. Hier wird deutlich, dass sich Stern ein Eigentor schießt, wenn er immer die Torah in Schutz nehmen will, anstelle der Wahrheit. Er kommentiert so: *„Der Heilige Geist ... wurde ihnen gegeben durch das Vertrauen auf das, was sie über den Messias gehört hatten..., nicht durch legalistisches Befolgen von Regeln."* ***43** Wenn das Vertrauen in Christus bzw. die Treue in Ihn das Maßgebliche für die Geistigkeit ist, dann kann doch allenfalls die Befolgung der Torah eine Folge dieser Geistigkeit sein. Dem müsste auch Stern zustimmen. Egal, ob man „Regeln" legalistisch oder nicht legalistisch befolgt, egal, ob es sich um Regeln von Gott oder andere handelt, sie erlösen dennoch niemand.

Doch das bedeutet klar, dass in dem Satz von Paulus dieser Glauben Jesu Christi als dasjenige genannt ist, was die Geistigkeit empfangen lässt und nichts sonst, weshalb die Frage nach den Gesetzeswerken der Gegensatz darstellen muss, und nicht die Frage, ob man bei der Befolgung von Geboten besonders sorgfältig ist oder nicht. Stern und mit ihm ein ganzes Heer von Kirchentheologen nehmen hier einen unzulässigen Paradigmenwechsel vor. Sie können nicht verstehen, warum die Gebote Gottes gut sein sollen und dennoch nicht gründlichstens beachtet werden müssen. Oder mit anderen Worten, gerade hier wird deutlich, dass Paulus den Glauben frontal der Torah entgegenstellt und nicht deren Missbrauch. Die historischen Fakten sprechen sonst auch gegen Sterns Lesart, denn bis zu Jesus hat es im Alten Testament kein einziger Mensch fertiggebracht, aus der Torah die von Gott geforderte Gerechtigkeit zu gewinnen, sonst könnte es nicht heißen, *„da ist kein Gerechter, kein einziger“* (Röm 3,10). Henoch, der in den Himmel entrückt wurde, kannte die Torah nicht (1 Mos 5,24).

Stern ist gegen Legalismus, aber ist dem Legalismus doch verhaftet geblieben, wie so viele Kirchenlehrer. Sie haben leider eine der Zentrallehren der Bibel nicht verstanden. Die Torah ist nur als eine Hilfe zu verstehen, einerseits zu verstehen wie der Mensch sein soll, andererseits, dass der Mensch es aus eigener Kraft nie schaffen kann, so zu sein wie er für Gott sein soll. Wenn beides vom Menschen verstanden worden ist, kann er sich von Christus seine Herzenshärte und Denksteife lösen lassen, um zu erkennen, dass der einzige Ausweg aus dem Dilemma der Sündenbelastung und Ungerechtigkeit Jesus Christus selbst ist. In der Unterordnung unter und Einverleibung durch Jesus Christus geschieht die Rechtfertigung und das So-Sein wie Gott es will.

„Seid ihr so unverständig?" fragt Paulus gleich hinterher (Gal 3,3). Die Frage kann man auch Stern stellen. Die Macht der Tradition ist stark und die Verlockung anderen Göttern nachzujagen ebenfalls. Deshalb hat die Torah im ersten aller Gebote, keine anderen Götter neben JHWH zu haben, sogar selbst davor gewarnt, sich selbst anstelle Gottes zu setzen. Die Torah warnt davor, sie anstelle von Gott zu setzen. Wenn schon die Torah zu einem Götzen gemacht werden kann, umso viel mehr gilt es für Abwandlungen der Torah und andere Gesetzeswerken wie man es z.B. in der katholischen oder orthodoxen Kirche hat. Jede anstelle-von-Christus-Setzung ist ein Anti-Christus. So zeigt auch die Lehre mancher messianischen Juden, die zwar an Jesus als ihren Messias glauben, aber die Einhaltung der Torah fordern, anti-christliche Ansätze. Von ihnen spricht Paulus in seinen Briefen. Dass sich ein noch viel größeres Anti-Christentum als Gegenbewegung zum Judentum bilden würde, davon wusste er nichts.

Aus Kapitel 3 wird deutlich, welches Problem Paulus mit den Galatern hat. Sie haben im Geist angefangen und wollen es nun mit Gesetzeswerken vollenden (Gal 3,3). Das heißt, Paulus unterstellt den Galatern, dass sie im Geist angefangen haben. Er nimmt es an. Aber ist das wirklich so? Man überlege: Paulus hat den Galatern gepredigt. Es bildet sich dabei eine Gemeinde. Er verlässt die Galater. Falsche Apostel kommen und drehen die Galater um zu einem Torahglauben, der in starker Konkurrenz zu Christus steht. ***44** Das würde bedeuten, dass die Galater aus Christus herausgefallen wären. Das würde bedeuten, dass der Geist Christi in ihnen angefangen hätte und sie dann doch wieder verlassen hätte. Das ist kaum denkbar. Wahrscheinlicher ist, dass Paulus auch hier wieder die gewohnte Methode wählt, eine Gemeinde mit seiner Briefbotschaft zu erreichen. Er weiß, dass es in der Gemeinde Angehörige mit unterschiedlichem Wachstumsgrad gibt. Er weiß, dass seine Verkündigung die Galater erreicht hat. Er weiß aber nicht, wie sehr das für jeden einzelnen zugetroffen hat. Und so kann er jetzt aus der Entfernung auch nicht wissen, wer genau den falschen Aposteln auf den Leim gefallen ist. Und so sagt er: *„Ihr habt im Geist angefangen“,* ohne dass er damit sagen will, *„ihr alle habt im Geist angefangen.“* Und er sagt: *„Wollt ihr jetzt im Fleisch weitermachen?“*, ohne dass er damit sagen will, dass nun alle Galater tatsächlich gefährdet wären.

Was Paulus meint, wird auch aus seinen Erläuterungen klar, nicht aus Gesetzeswerken, sondern aus Glauben soll man handeln und wandeln: *„Gleichwie Abraham Gott glaubte, und es ihm zur Gerechtigkeit gerechnet wurde." (*Gal 3,5-6) Abraham kannte die Torah auch noch nicht, die erst am Sinai dem Mose gegeben wurde, weil sie für das Volk Israel bestimmt war. Wenn man sagt, dass die ersten fünf Bücher Mose die Torah seien, dann hat Abraham dennoch nicht die ganze Torah gehabt. Abraham verstirbt noch im ersten Buch Mose (1 Mos 25,8). Die Torah entsteht im zweiten Buch Mose (2 Mos 20,1ff). Wie also sollte Paulus gemeint haben, dass die rechte Befolgung der Torah die Gerechtigkeit bringt, wenn er sagt, dass es bei Abraham der Glauben war, der ihm zur Gerechtigkeit verhalf? Paulus erklärt hier, dass Juden wie Nichtjuden ganz ohne Torah die Gerechtigkeit erlangen können, weil Abraham ihr Stammvater ist in Bezug auf den Glauben, den er hatte. Man meint, dass das eigentlich zu verstehen wäre. Der Glauben ist es, nicht die Gesetzlichkeit. Natürlich ist es auch nicht der Missbrauch der Gesetzlichkeit oder der Legalismus. Die Torah ist wie Zucker. Wenn Zucker nicht salzt, dann salzt schaler Zucker auch nicht.

Dass es für Abraham nur zu einer Hinzurechnung zur Gerechtigkeit reichte, ist klar, denn er kannte zwar den Christus in JHWH, dem er sein Vertrauen schenkte, aber er wusste noch nichts von dem Opfertod des Gottessohnes und dem Sündenerlass am Kreuz. Er wusste noch nichts von einem Einssein mit Gott durch die Leibesgliedschaft in Christus. Auch Abrahams größtes Werk, die Bereitschaft zur Opferung seines Sohnes Isaak, geschah mehr im Geiste als in der Handlung, denn es war im Geiste, dass er den Vorsatz getroffen hat, seinen Sohn zu opfern, was Gott letzten Endes verhinderte. Auch für den beinahe erwachsenen Isaak war es ein Akt des Vertrauens, denn er hat sich nicht gewehrt.
***45**

Warum hat Gott die Opferung verhindert (1 Kor 10,13)? Weil es in der Sache nur um das Vertrauen in Gott ging, eben den Glauben Abrahams, dass sich der Gott, der ihn angesprochen hatte, vertrauenswürdig war. Es ging nicht um das Befolgen von Geboten, auch wenn sich Vertrauen im Nachfolgen und Befolgen zeigt. Gehorsam für Gott hat keinen Selbstzweck, denn es geht immer um die vertrauliche Beziehung. Abraham hätte z.B. auch die Einstellung haben können. *„Ich opfere Isaak nur, weil es für mich von Vorteil ist, denn tue ich es nicht, wird Gottes Zorn sowohl meinen Sohn als auch mich erschlagen.“* Diese Herzenseinstellung enthält nichts Positives für Gott, weder Vertrauen noch Zuneigung. Das heißt, dass Menschen die Torah dem Fleische nach einhalten können, aber nicht die richtige Herzenseinstellung haben, und ihr Tun, ohne Gott zu lieben, deshalb vor Gott wertlos ist. Das gilt für jeden Gehorsamsakt. Er mag aus anderen Gründen erstrebenswert und nützlich sein, aber wenn er beziehungslos auf der Ebene erfolgt, die mit gegenseitiger Zuneigung ausgefüllt sein sollte, trägt er zur Bildung einer Herzensbeziehung nichts bei.

So hätte Gott ja auch Seinem Volk Israel bereits im Alten Testament sagen wollen: *„Ich will eure Opfer, die Opfer, die von der Torah vorgeschrieben sind, nicht mehr, wichtiger ist mir eure Herzenseinstellung."* Aber bevor man auf einer Ebene der Herzensbeziehung ist, muss man sich im Geiste näher gekommen sein. Israel war nie so weit, dass sich Gott weiter nähern konnte. Daher sprach er von der Wichtigkeit der Erkenntnisgewinnung. In Hos 6,6 heißt es daher: *„Denn an Güte habe ich Gefallen, nicht an Schlachtopfern, und an der Erkenntnis Gottes mehr als an Brandopfern."* Wer Gott immer mehr kennen lernt, hat eine Vorliebe dafür entwickelt und dem kann sich Gott immer mehr zeigen. ***46** Jesus sagte sogar ausdrücklich: *„Geht aber hin und lernt, was das heißt: Barmherzigkeit will ich und nicht Opfer."* (Mt 9,13) Das sagte Er zu allen Juden, genau zu den Juden, denen Er die ganzen Opfervorschriften gegeben hatte! Wenn man das nicht beherzigt, warnte Jesus in Mt 12,7, dann wird man „die Unschuldigen verdammen". Wer zu sehr gesetzlich ist, lässt die Barmherzigkeit vermissen und wird die Unschuldigen verdammen. Das haben die Kirchen im Laufe der Kirchengeschichte viel mehr beherzigt, als die Barmherzigkeit. Zu diesem Schluss kommt man als Historiker, der die Gräuel der Kirchenchristen, die von den Kirchen initiiert und abgesegnet und für gut befunden wurden als ein häufig vorkommendes Kennzeichen der Kirchen sehen muss. Wenn man die Gewaltherrschaft von Diktatoren als eines ihrer Unterscheidungsmerkmale im Vergleich zu menschenfreundlicheren Regierungen bezeichnet, bleibt wenig Spielraum, um bei den Kirchen nicht zu dem Urteil zu kommen, dass sie Herrschaften der Unbarmherzigkeit und Unversöhnlichkeit waren und sich ganz besonders darin hervorgetan haben, andere Menschen, die sich ihnen nicht unterordneten, zu verfolgen. Und zwar Jahrhunderte lang. Die Kirche, die tatsächlich entstanden ist, ist die Kirche, zu deren Gründer die falschen Apostel bei Paulus gehörten. Der Geist, der diese angetrieben hatte, hat in der Kirchengeschichte weiter gewirkt, so dass man sagen kann, dass das Evangelium, wie es in den folgenden Jahrhunderten zur Verkündigung gekommen ist, genau das Evangelium war, das an Paulus vorbei verkündet worden ist, ein legalistisches Werke-Evangelium. ***47**

Jesus warnte die Juden Seiner Zeit. Aber wer verstanden hat, dass er allen Menschen zu jeder Zeit ein Beispiel gibt für Recht und Unrecht, wahrem Gottesdienst und verlogener Nachahmung eines Gottesdienstes, der wird sich auch als Christ warnen lassen müssen. Auch heute noch, beraubt um die Macht Andersgläubige zu maßregeln, verdammen die Gefolgsleute der traditionellen Kirchenchristenheit Non-Konformisten, auch wenn ihnen nichts anderes übrig geblieben ist, als sie auszugrenzen, als Irrlehrer oder Fundamentalisten zu stigmatisieren. Ihr Zorn gilt denen, die nicht gesetzlich, vor allem nicht kirchengesetzlich eingestellt sind, die die Herzensenge und Unversöhnlichkeit der kirchlichen Meinungsbildner anprangern. Es sind die Unschuldigen im Lande, die angeklagt werden wie es die religiösen Machthaber schon bei Jesu getan hat. Jesus hat seine Gegner ebenso durchschaut: *„ihr gleicht übertünchten Gräbern, die von außen zwar schön scheinen, inwendig aber voll von Totengebeinen und aller Unreinheit sind.*“ (Mt 23,27).

Im Kontext von Mt 12,7 geht es um die übertriebenen Praktiken bei der Sabbathaltung der Juden. Das ist ein deutlicher Hinweis darauf, dass die Zehn Gebote vom Sinaibund unter einem gewissen Vorbehalt stehen, was ihr nicht nur wörtliches Verständnis als auch ihre Reichweite im Hinblick auf Prioritäten angeht. Genau das kann aber nur der Geist der Barmherzigkeit Jesu Christi ausloten. Ein Beispiel ist das Sabbatgebot, das klar verbietet am Sabbat zu arbeiten. Und doch sollte man Gutes tun. Das Gute kann mit Nichtruhen und Anstrengung verbunden sein. Das Gebot hat also einen Vorbehalt. Oder etwa das Gebot, *„Du sollst nicht stehlen"?* David klaute die Schaubrote aus dem Heiligtum des Zeltes Gottes (Mt 12,4), weil er erkannte, dass ihre Verwendung durch ihn und seine Kameraden gerade priorisiert werden musste. Jesus erklärt David als schuldlos. Würde man eine mittellose Frau, die ihrem hungernden Kind etwas zu essen gibt, wegen Diebstahl verurteilen wollen, zumal wenn sie einen Reichen, der im Überfluss lebt, bestohlen hat? Aber ist nicht wenigstens das Gebot *„Du sollst nicht ehebrechen*!" immer und absolut gültig? Das wird man bestätigen können. Und doch muss man sich fragen, was der Sinn des Gebots ist, um die Geltungsweite und - tiefe besser zu erfassen. Geht es nur um die leibliche Vereinigung von Mann und Frau? Hat ein Mann, der seine Frau misshandelt und schlägt und sich nicht um sie sorgt, nicht auch die Ehe gebrochen? Will man der Frau und ihren verängstigten Kindern zumuten, in der Ehehölle auszuharren? Wäre das nicht unbarmherzig? *„Geht hin und lernt, was das heißt: Barmherzigkeit will ich und nicht Opfer."* Wie viele Menschen wurden zur entwürdigenden „Ehepflicht" oder umgekehrt zur freudlosen Ehelosigkeit gezwungen mit scheinbar geistlichen Argumenten! Opfer steht für Gesetzlichkeit. Leider gibt es auch in den Kirchen und bei vielen Seelsorgern mehr Gesetzlichkeit und Selbstgerechtigkeit als Barmherzigkeit. Sie kennen Gott nicht und sie kennen Seine Liebe nicht.

Hos 6,6 enthält diesen von Juden und Christen noch viel zu wenig verstandenen Satz, der einen tiefen Einblick ins Herz Gottes zulässt: *„Denn ich habe Lust an der Liebe und nicht am Opfer, an der Erkenntnis Gottes und nicht am Brandopfer."* (LuÜ 2017*)* Doch diesen Offenbarungssatz kann man auch nur verstehen, wenn man bereits durch Christi Geist die göttliche *„Lust an der Liebe"* und die Gabe der *„Erkenntnis Gottes"* erlebt hat. Sonst fällt man immer wieder zurück auf das Menschliche, das bemüht und besorgt ist, der Vorschrift gemäß alles den zwangsläufig eigenen Vorstellungen entsprechend zu tun. Wessen Vorstellungen? Gottes Vorstellungen sollten es sein! Doch wenn man sie nicht kennt, bleiben es die eigenen Vorstellungen und die der Gruppe, der man angehören will! Jesus warnte, dass man nicht an der *„Überlieferung der Menschen“* (LuÜ 2017) zu Ungunsten des göttlichen Willens festhalten soll.

Der seelische, biblisch auch „fleischlich“ genannte Mensch soll aber zum göttlichen Wesen emporgehoben werden. Er soll nicht stehenbleiben auf der bloß menschlichen Stufe. Glieder am Leibe Jesu Christi sind Christus aber so nahe oder werden Ihm so nahegebracht, dass es vor allem zwei Dinge sind, die zunehmend wichtig werden in ihrem Leben: Lust an der Liebe wie Gott sie hat zu gewinnen; und mehr und mehr an göttlicher Erkenntnis zu wachsen. Bei der göttlichen Erkenntnis ragen zwei Bereiche hervor, das Kennenlernen des Wesens Gottes in Jesus Christus; und das Erkennen Seiner Heils- und Vollendigungswege mit einem selber und mit der ganzen Menschheit. Die Zugewandtheit zu anderen Menschen ist im wahrhaften Kennenlernen Gottes enthalten, weil das die Kehrseite der Zugewandtheit zu Gott bedeutet. Deshalb sagte Jesus auch:

„Du sollst den Herrn, deinen Gott, lieben aus deinem ganzen Herzen und mit deiner ganzen Seele und mit deiner ganzen Kraft und mit deinem ganzen Verstand und deinen Nächsten wie dich selbst." (Lk 10,27) und Paulus konnte sagen: *„Denn das ganze Gesetz ist in einem Wort erfüllt, in dem: „Du sollst deinen Nächsten lieben wie dich selbst."* (Gal 5,14), ohne dabei den ersten Teil, von dem, was Jesus gesagt hatte und sich auf die ersten vier Gebote des Dekalogs bezieht, zu vergessen. Das eine steckt im anderen und wenn man nur das Eine nennt, meint man das andere auch: Gottesliebe und Nächstenliebe. Die Kurzdefinition eines Christusgliedes ist Gottesliebe und Menschenliebe. Man kann aber weder Gott noch den Menschen richtig lieben, wenn man Gottes

Versöhnungsbereitschaft, die Christus das Leben gekostet hat, nicht bereit ist für sich und für die Nächsten gelten zu lassen.

Liebe und Erkenntnis nach Gottes Art gehören zusammen und werden zusammen angeeignet. Wer keine Lust an der Erkenntnis Gottes hat, hat auch keine Lust an Seiner Liebe und umgekehrt. Das hebräische Wort, jada, für das Lieben entspricht ja auch dem Erkennen. ***48** Wer Gott erkennt, wie Er wirklich ist, kann Ihn nur lieben, weil vorher schon Gott sich nur dem bekannt macht, der diese Liebe von Ihm bekommen hat. Erkennen und Lieben sind also Wachstumsvorgänge, die von Gott ausgehen. Wahres Lieben will sich eins mit dem anderen machen. Dieses Erkennen in Liebe setzt einen Adel der Gesinnung voraus, weil dies die Bereitschaft ist, Gott so zu sehen wie Er ist. Wer keinen Sinn für Schönheit und das Gute hat, wie soll er es dann erkennen, was schön, gut und liebenswert ist? Man kann Gott nicht wirklich lieben, wenn man nicht selber liebesfähig ist. Das setzt aber Erkenntnisfähigkeit voraus. Das lehrt uns auch das Lieben unter Menschen. Ein Bräutigam mag eine Braut lieben, wegen dem, was er bei ihr „erkannt" hat. Aber es ist klar, dass seine Liebe noch viel tiefer und fester und wahrhafter wird, wenn er liebt, nachdem er noch viel mehr „erkennen" durfte, wenn es Liebenswertes zu erkennen gibt. Bei Gott ist das mehr der Fall, als es der Mensch erfassen könnte. Daher muss Gott Seine Liebes- und Erkenntniszuflüsse drosseln. Während aber Menschen in ihrer inneren Schönheit und ihrem Gutsein limitiert sind, trifft man bei Gott, je mehr man sich mit Ihm bekannt macht, auf immer mehr Erkennens- und Liebenswertes! Die Sehnsucht nach Ihm wächst und das Weltliche verliert seinen Reiz. Da die Zusammenhänge so sind, ist klar, dass Atheisten so lange nichts davon verstehen können, bis Gott sie anrührt. Diesbezüglich, was Erkennen und Lieben Gottes anbelangt, ist aber jeder zunächst einmal Atheist, d.h. ein Gott nicht kennender und nicht liebender Mensch, auch der religiöse Mensch. Da nützt auch eine Kirchenzugehörigkeit oder eine Teilnahme an einer schwarzen, roten oder katholischen Messe nichts. Wo Gott nicht baut, wird umsonst gebaut.

Wie hängen Schönheit und Wahrheit zusammen? In Gott. Es ist nicht nur die Frage nach dem Wo, die so beantwortet wird. Es haben schon viele versucht, den Wahrheitsbegriff mit dem der Schönheit zu verbinden. Ist Gott schön, wenn Er wahr ist? Ist das Evangelium schön, wenn es wahr ist? Wer Schönes erschafft, muss den Schönheitssinn bei sich haben. Er ist dann so oder anders, aber irgendwie schön. Wenn Gott die Welt erschaffen hat, dann ist sie ein Abglanz Seiner Herrlichkeit. Ob sie daneben noch hässlich ist, spielt dabei keine Rolle, da Hässlichkeit nur eine Anwandlung mit einem vorübergehenden Verlust der Schönheit ist. Ein schönes Gesicht kann durch einen Unfall entstellt werden, aber die Chirurgie kann es wieder herstellen. Wenn nicht, hat sie nur die Mittel dazu noch nicht. Gott hat alle Mittel, die es braucht, um die Entstellungen in der Schöpfung zurechtzubringen. Und tatsächlich ist das auch die Botschaft der Bibel. Dass Er alles zurechtbringt und dass alles zu ihm hin geschaffen ist und in die rechte Ordnung gebracht wird (Röm 11,36). Das ist der Sinn der Schöpfung: Gott zu verherrlichen. Und das ist die Wahrheit. So steht es in Gottes Wort. Die Wahrheit kann hässlich sein. Aber das Hässliche kann überwunden werden und dann bleibt das Verherrlichte als Wahrheit stehen. Das ist eine frohe Botschaft, ein schönes Evangelium. ***49**

Bei der Liebe und Erkenntnis Gottes geht es um das Wesentliche, um die unmittelbare Nähe Gottes, um das Eingegliedertsein in den Leib Christi. Bei der Gesetzlichkeit befindet man sich noch weit weg vom Vaterherzen Gottes. So weit weg soll der Mensch nicht bleiben und ein Teil seines Heilsweges, bei vielleicht vielen ist es der größte Teil, der mit der Überwindung der Gesetzlosigkeit begonnen hat, legt er zur Überwindung der Gesetzlichkeit zurück. Es beginnt bei jedem mit dem *„Du sollst nicht…“* und führt über das *„Du sollst…“* zu dem *„Du wirst…“* und kommt dann endlich beim Vaterherz beim *„Du bist…“* an, denn dann ist man das geworden, was man bei Gott gemäß Seinem Vorsatz und Willen schon immer war.

Der jüdische Ausleger David Stern sieht als ein Vertreter des messianischen Judentums Abraham als Glaubensvater auch der Nichtjuden. Aber er meint, dass auch die Nichtjuden die Torah beachten müssten. Er sagt, die Nichtjuden *„brauchen nicht Juden zu werden und müssen auch nicht die jüdischen Gebote befolgen"* – damit meint er das jüdische Brauchtum und auch den falschen Gebrauch der Torah, den er seinen Stammesgenossen unterstellt. Aber dann *„sind aber wie die jüdischen Gläubigen der wahren Torah, der Torah .... Wie sie der Messias vertritt"* (Gal 6,2) unterstellt. ***50** Damit gilt für sie das gleiche wie für die jüdischen Gläubigen, die ja auch nicht den falschen Gebrauch der Torah praktizieren. Stern verweist hier auf Gal 6,2. Wenn man das dort genannte Gesetz Christi, als Torah Christi versteht, ist das sicherlich folgerichtig. Doch dann wäre noch zu klären, was Paulus darunter verstand.

Was Stern darunter verstehen will, ist im Grunde das Gesetzeswerk vom Sinai in der wie auch immer geistlichen Auslegung, wie er annimmt, dass sie Christus hatte. Doch das hat Paulus nicht unter dem Gesetz Christi gemeint. Das Gesetz Christi beschreibt alles das, was der Geist Christi denkt und tut. Wenn man Christus eine Million Fragen stellen würde, wäre jeder Seiner Antworten diesem Gesetz gemäß. Da Christi Geist in den Gliedern am Leibe Christi wohnt, ist es möglich, dass diese Glieder alles, was ihnen der Geist als richtig oder falsch, wahr oder unwahr, gut oder böse lehrt, als „Gesetz Christi" verstehen können. Das hat mit der ursprünglichen Torah, die JHWH Israel am Sinai gab nur noch insofern zu tun, als es Überschneidungen gibt. Die Sinai-Torah ist nur ein winziger Ausschnitt von dem, was Gott damals von Israel wollte.

Zur Zeit von Paulus wollte Gott noch viel mehr und viel anderes als das, was die Juden in den ersten fünf Büchern Mose stehen hatten. Und es gab einige Dinge, die Er beispielsweise nicht von den Nichtjuden wollte: Speisegebote beachten, am Sabbat ruhen u.a. Und ab 70 nach Christus wollte Er sogar von den Juden nicht mehr, dass sie sich an die Opfergebote der Torah hielten. Er verlangt vernünftigerweise nichts von Menschen, was sie nicht bewerkstelligen können, meint man. Aber sogar ein *„Du sollst…!“* beinhaltet in Wirklichkeit das Unvermögen des Menschen, vielmehr als sein Vermögen. Ein messianischer Jude sagte einmal, es wäre unsinnig anzunehmen, dass Gott den Menschen Gebote gibt, die sie gar nicht halten können. Er geht deshalb davon aus, dass ein Mensch alle Gebote Gottes halten könnte. Er konnte aber keinen Menschen nennen, dem das schon einmal gelungen wäre. Und auf die Frage, ob er selber schon mal gegen ein Gebot verstoßen habe, bejahte er. Es kann also sein, dass Gebote auch als Richtschnur gelten können, die etwas vorgeben, was man nie ganz erreichen kann. Genau dann kann das von Bedeutung sein, wenn in dem Nichterreichen etwas erreicht werden soll. Zum Beispiel die Erkenntnis des eigenen Unvermögens als Vorbereitung auf die Umkehr und die vollständige Lebensübergabe an Christus.

Genauso wenig wie Gott von den Juden verlangte, dass sie damals zum Mond flogen, verlangte Er von ihnen, dass sie im Tempel zu Jerusalem opferten, denn der Tempel stand nicht mehr. Seit vielen Judengenerationen rätseln die jüdischen Gelehrten wie man das Dilemma lösen könnte, denn in der Bibel stand, wer die Torah hält, hat die Verheißung des Lebens. Man sagte dann in reiner Menschenlehre, man müsse statt im Tempel zu opfern, mehr beten und meditieren. ***51** Beten ist ja immer Gott wohlgefällig, aber ein Versäumnis auf einem Gebiet lässt sich ja nicht wettmachen durch eine Anstrengung auf einem ganz anderen Gebiet. Dabei ist des Rätsels Lösung einfach: Die Torah ist nicht Gott, sondern ein zeitlich begrenzter Willen Gottes. Leider sind Dogmatiker und kirchliche Geistliche nicht so beweglich im Denken wie Juristen oder Staatsrechtler, sonst würden sie verstehen, dass Gesetze das Zusammenleben zwischen Menschen regeln sollen und die Entwicklung einer Gesellschaft auch ihren Niederschlag finden muss im Gesetzeswerk, sonst tun sich Gesetzeslücken auf, die die Übeltäter ausnutzen und dadurch die Gesellschaft gefährden. So ist man in Deutschland beispielsweise irgendwann darauf gestoßen, dass man es doch bestrafen müsse, wenn Arbeitgeber die Sozialversicherungsbeiträge nicht bezahlen, denn sonst fehlen Milliardenbeträge in der Kasse des Staates und bricht die soziale Versorgung des Volkes zusammen. Also hat man einen Paragraph im Strafgesetzbuch eingefügt. Umgekehrt hat man nach 1945 festgestellt, dass ein ganzes Gesetzeswerk zu streichen ist, weil es nicht mehr „zeitgemäß" zu sehr gegen die Menschenrechte ging: die Nürnberger Rassengesetzte von 1935. Sicherlich gab es auch einmal sinnvolle Gesetze in früheren Zeiten, die heute nicht mehr gebraucht werden, weil es hierzu keinen Regelungsbedarf mehr gibt. Die Opfergebote der Torah sind solche Gebote, die zur Zeit nichts mehr regeln können, weil ihnen die Grundlage entzogen worden ist.

Wichtig ist auch immer, für wen die Gesetze gelten. Die Gesetze der Bundesrepublik Deutschland finden in den USA keine Anwendung. Aber einige Paragraphen der deutschen Gesetze gibt es dort in einer ähnlichen Fassung. Z.B. ist es auch in den USA verboten, jemand zu ermorden. Deshalb ist es auch unsinnig, wenn messianische Juden oder Katholiken den Protestanten oder Dispensationalisten vorwerfen, dass sie fleißig sündigen würden, weil ja die Torah bzw. die Gebote für sie nicht mehr zählen würden. Wer sagt, dass er die Sinai Torah für sich nicht gelten lässt, ist deshalb noch lange kein Mörder oder Ehebrecher, insbesondere dann nicht, wenn er mit dem Geist Christi das Gesetz Christi in sich hat.

Diese „Torah“ Christi, wenn man sie so bezeichnen will, geht weit über das hinaus, was dem Volk Israel am Sinai gegeben wurde und es geht auch weit über die Bergpredigt, denn Christus ist weit und hoch über allem und Ihm muss sich alles unterordnen, nicht der Torah vom Sinai oder der Verfassung der Fidschi-Inseln.

Es so zu sehen, hat auch nichts mit Antisemitismus zu tun, wie Stern befürchtet, sondern damit, das Wort der Wahrheit recht zu schneiden, das heißt recht zuzuteilen (2 Tim 2,15). Die Wahrheit, die für Israel bis zum Jahr 70 galt war, dass ihnen die Torah einschließlich der Opfergesetze als eine Rechtsordnung zu gelten hatte, die sie zielführend auf das Kommen dessen vorbereiten sollte, der die blutige Opferdarbringung hinfällig machen und auch endlich den Frieden bringen sollte, den sich alle erhofften. Deshalb lässt sich Torah auch mit „Zielsetzung“ übersetzen. Aber das eigentliche Ziel von Frau Israel ist die Vereinigung mit dem Bräutigam JHWH-Christus. Die Wahrheit, die für die Gemeinde des Leibes Jesu Christi gilt ist eine zusätzliche. Diese Gemeinde ist so inniglich mit dem Bräutigam verbunden, dass sie Sein Leib ist. Die rechte Zuteilung des Wortes Gottes bedeutet, dass man Gottes ökonomisches Haushalten in der Heilsgeschichte mit den Menschen erkennt und danach lehrt und handelt. Bei der Zuteilung werden natürlich Weichen gestellt. Wer meint, dass jeder Mensch, der in diesem Äon nichts von Jesus hört, für immer verloren ist, muss natürlich für die Mission eifern und dort seine ganzen Energien reinstecken. Und nicht einmal wenn ihm bei Evangelisationsveranstaltungen einhunderttausend Menschen zujubeln, kann er wissen, ob hier nur der Geist der Solidarität und des Wohlfühlens Hallelujah gesungen hat, oder ob unter den Massen auch echt bekehrte sind. Wer meint, dass Gott Milliarden Menschen für immer dem Höllenfeuer übergibt, um dann gleich anschließend seine Kinder im Himmel liebevoll in die Arme zu nehmen, wie wird der wohl über Gott denken? Und wie wird der über

Menschen denken, solange die sich noch nicht be*kehrt haben? Muss man mit jemand Mitleid haben, wenn Gottes Mitleid auch nur begrenzt ist?*

In den wenigen Briefen, die von Paulus erhalten sind, sind Andeutungen auf geistige Strömungen seiner Zeit erhalten. Sie lassen Rückschlüsse zu, dass auch in die Gemeinden, wo Paulus gewirkt hat, der ortsübliche jüdische Hellenismus eine nicht unbedeutende Rolle spielte. Der hatte die jüdische Tradition, die sich über die Schriften der Bibel, aber auch gerade über die Rabbis definierte, angereichert mit hellenistischen Elementen, die sowohl von der Philosophie als auch von der Volksreligion gespeist wurden. Aber was immer Paulus angetroffen haben mag, seine Hauptkampflinie verlief zwischen sich und dem Judentum, gleich ob es messianisch war oder nicht. Und daher findet man im Galaterbrief das gleiche wie in den Korintherbriefen oder im Römerbrief: Das Bekenntnis zur Freiheit in Christus im Verhältnis zur Gebundenheit in der Torah. Es ging also nicht um die hellenistischen Vorstellungen über die dunkle Welt im Hades, die Dualität des Seins, die Unüberwindbarkeit des Bösen, die Kreisläufigkeit allen Lebendigens, all das, was sich in den späteren Kirchen wiederfinden lassen wird, sondern um das Nächstliegende und Praktische und vor allem das Wichtigste. Jesus war nicht einfach nur der Messias Israels, den Gott, erstaunlich genug, von den Toten erweckt hatte, weil die Schande nicht bestehen bleiben durfte, sondern Er war der Erlöser für alle Menschen aus allen Nationen und aus allen Äonen dar. Er war die ultimative Lösung für alles was bisher unlösbar gewesen war. Das Hinein-Kommen in Christus ist unendlich viel mehr als das bloße Kommen des Messias zu Seinem Volk mit der Errichtung des messianischen Reiches. ***52** Die Juden waren geistlich gesehen „Peanuts-Verkoster“, deren Blick gerade Mal in den nächsten Äon ging. Paulus blickte in die Äonen und sah, dass alle, die Reichtümer, die sie enthielten, nur ein schwacher Abglanz des Reichtums in Jesu Christi waren

Wer Paulus das missionarische Leben ungemein erschwerte, waren hauptsächlich die messianischen Juden, die ganz und gar nicht die Sonderauffassung von Paulus hatten und Jesus hauptsächlich nur als den verheißenen Messias Israels verstanden. Und nun waren zu den Galatern solche messianischen Juden gekommen, die die Galater gelehrt hatten, dass sie die Torah brauchten und dazu noch die Beschneidung. ***53**

Das gleiche Problem wie bei den Korinthern. Paulus erklärt ihnen, dass jeder, der versucht mit Hilfe der Torah gerecht zu werden, sogar unter einem Fluch steht: *„Denn so viele aus Gesetzeswerken sind, sind unter dem Fluche; denn es steht geschrieben: „Verflucht ist jeder, der nicht bleibt in allem, was im Buche des Gesetzes geschrieben ist, um es zu tun!“* (Gal 3,10) Wie kann man da noch so optimistisch über die Torah reden? Der einzige der *„in allem, was im Buche des Gesetzes geschrieben ist“* war, war Jesus und bleibt Jesus. Wer durch das Halten der Gebote gerecht werden will, muss alle Gebote halten und das ist nicht möglich. ***54**

JCJCJCJCJCJCJCJCJCJCJCJCJCJC

Fluch und Gnade

Gal 3,10-13

Der messianische Jude David Stern tadelt Christen, die behaupten, dass die Juden verflucht seien, weil sie unter der Torah leben müssen. Er bezeichnet diese Ansicht als Sünde. Aber was sagt Paulus in Gal 3,10: „So viele aus Gesetzeswerken sind, sind unter dem Fluche…“. Der Fluch besteht offenbar darin, dass die Sünde den Tod bringt und da Sünde als Übertreten der Gebote der Torah definiert ist, hat der Torahbefolger das Problem, dass er nur im Falle, dass er alle Gebote immer hielte, vom Fluch des Todes befreit wäre. Und dann erklärt Paulus gleich: *„Dass aber durch Gesetz niemand vor Gott gerechtfertigt wird, ist offenbar, denn der Gerechte wird aus Glauben leben.“* (Gal 3,11) Und um es noch einmal zu verdeutlichen, sagt Paulus*: „Das Gesetz aber ist nicht aus Glauben… Christus hat uns losgekauft von dem Fluche des Gesetzes.“* (Gal 3,12) Bei Paulus sind Torah und Glauben Gegensätze in Bezug auf das, was von der Sünde Sold rettet. Der Glauben Christi rettet, weil Christus rettet. Die Torah kann es nicht, der Glauben, der in Christus ist, kann es, weil der Glaube die Reue und das Bekenntnis zur Entsühnung durch den Opfertod Christi beinhaltet.

Paulus hebt *„hier jedoch nicht darauf ab, dass die unvollkommene menschliche Natur unfähig ist, alle Gebote der Torah zu halten“* schreibt Stern. ***55** Das ergibt sich aber aus dem, was er schreibt! Stern meint, nur die Legalisten hätten ein Problem mit der Torah. Das ist ein großer Irrtum, jeder Mensch, der nicht den Geist Gottes hat, scheitert bereits an der Torah, erst recht an der erweiterten Torah der Bergpredigt oder ähnlichen Erweiterungen. Genau genommen gibt es eine unendliche Zahl von Erweiterungen. Stern vertritt sogar die Auffassung, dass den Menschen im Alten Testament die Sünden vergeben worden wären, wenn sie die Sünden bereuten und das vorgeschriebene Opfer erbrachten. Das ist unrichtig, denn ihr Herz war so noch lange nicht bekehrt. Das ist nur im Geist Gottes möglich und erst seit Golgatha. Auch die Menschen des Alten Testaments kommen nicht von ihren Sünden los, solange sie sich nicht für Jesus Christus entschieden haben. Stern kann sich fragen, ob er durch Jesus Christus seine Sünden erlassen bekommen hat, oder durch sein Bereuen der Sünden. Wer sich Jesus anvertraut, wird auch seine Sünden bereuen. Wer aber seine Sünden bereut, hat sich noch lange nicht Jesus Christus anvertraut. Stern ist ein Beispiel für einen Juden, der zwar an den Messias Jesus Christus glaubt, aber Ihm nur eine Teilkompetenz für sein Seelenheil zuerkennt.

Der jüdische Ausleger Stern vergleicht den Legalismus mit einer Himmelsleiter, die nicht in den Himmel führt, wenn dem Befolgen ihrer Regeln nicht das Vertrauen auf Gott vorangehen muss. Als ob ein Legalist sich dadurch kennzeichnet, wie Stern es annimmt, dass er denkt, es sei nicht nötig Gott zu vertrauen, weil die Befolgung der Gebote automatisch in den Himmel führe. ***56** Doch ist es fraglich, ob das wirklich einen typischen Legalisten auszeichnet. Gibt es wirklich Juden oder Christen, die ernsthaft glauben, dass sie Gott nicht vertrauen und nur seine Regeln einhalten müssen, wenn doch der Glaube an seine Regeln einen Grundglauben an Gott bereits beinhaltet? Das gibt es gar nicht. Aber Stern muss diese Auffassung vertreten, weil er sich sonst selber als Legalist bezeichnen müsste. Und da liegt der Hund begraben, bei allen, die diese theologische Sichtweise vertreten!

Ein Legalist ist bereits der, der meint, dass er zu dem Grundvertrauen in Gott, noch Werke tun muss, die das Gesetz vorschreibt. Diese Kennzeichnung ist zutreffender und lebenswirklicher. Auf dieser Einsicht beruht die Reformation. Was Luther bei seinen katholischen Zeitgenossen bemerkte, war nicht, dass sie nicht an Jesus Christus und Gott den Vater glaubten, sondern dass sie meinten, durch eigene Anstrengung sich die Sündenvergebung, die Jesus juristisch und formal erwirkt hat, verdienen müssten. Messianische Torah-Legalisten unterscheiden sich hiervon nicht wesentlich, wenn sie sagen, man müsse Vertrauen in Gott haben und dann aus diesem Vertrauen heraus, die Gebote halten. Zwar können sie dann berichtigend und dem Wortlaut nach paulinisch hinzufügen, dass nicht das Halten der Torah rettet, sondern das Vertrauen in Christus, das schon vorher da war und zum Torah-Halten anleitet, aber in der Lebenswirklichkeit läuft es immer wieder darauf hinaus, dass man eben doch der Torah eine heilende Wirksamkeit zuschreibt, weil der Schwerpunkt darauf liegt, die Gebote als „Du sollst!“- und „Du sollst nicht!“ – Vorschrift zu verstehen, die man unbedingt einhalten muss, weil man sonst aus der Gnade herausfällt.

Es gibt auch nichtjüdische Glaubensgemeinschaften, die genau dieses Problem haben. Sie lehren offiziell, dass man die Gebote halten muss, aber dass nur in Jesus Christus die Rettung, allein aus Gnade, ist. Überspitzt könnte man sich fragen, ob man sich auch an der Rettung und Christus vorbei „heiligen“ kann. Was ist denn die Heiligung? Sie beinhaltet sicherlich auch einen zunehmenden Prozess, das, was das „Du sollst!“ und „Du sollst nicht!“ ausmachen soll und nicht ausmachen soll fruchtbringend verinnerlicht zu haben. Aber das beginnt erst dann auf die rechte Art und Weise, wenn man es in Christus geschehen lässt. Man muss keine Gebote verinnerlichen, wenn man vorher schon Christus verinnerlicht hat.

Die Heiligung erschöpft sich nicht im möglichst buchstabengemäßen Einhalten von Vorschriften, sondern erreicht ihre intensivste Gottesstunde im Heiligen, dem Christus. Christus ist der Urheilige und jeder, der heilig sein will, muss sich Ihm anschließen. Ein Dieb kann mit der Heiligung beginnen, indem er sich zwingt, mit dem Stehlen aufzuhören. Aber die Abwesenheit weiterer Diebstähle hat ihn noch nicht zu Ende geheiligt. Seine Gesinnung muss ganz und gar verchristlicht werden. Christi Geist muss sich in seinem Herz ausbreiten, bis es quasi nur noch vom Hörensagen vom Stehlen weiß. Ein Unzüchtiger kann mit der Heiligung beginnen, indem er den Gelegenheiten aus dem Wege geht und sie nicht mehr aktiv ansteuert. Doch dann muss es weitergehen und die Heiligung erreicht ihr Ziel, wenn das Herz keinen Gefallen mehr an der Unzucht findet und verchristlicht nur noch aktiv das Ehrbare ansteuert, die Lust nur noch an der lauteren Liebe für den neuen Herrn des Herzens habend. Das geht nicht von heute auf Morgen. Aber jeder Mensch braucht dieses Wachstum.

Als Jesus am Kreuz sagte, dass Er alle zu sich ziehen werde, meinte er nicht nur die Rettung vor Tod, Teufel und Verderben, sondern das Hinzuziehen zu Seiner Nähe und hinein in die Ebenbildlichkeit zu Seinem Wesen und Seiner Lebensart. Die Heiligung geht mit der Vervollkommnung einher, weil sie ein Teil ihrer ist. ***57**

Obwohl sich Paulus klar ausdrückt, ist Gal 3,10 ein wenig verstandener und daher auch wenig gebräuchlicher Vers. Dieser Vers zählt zu einer der härtesten Aussagen von Paulus über die Torah. Sie ist in doppelter Hinsicht erstaunlich. Auch wenn diese Aussage von wenigen verstanden wurde, so ist sie doch nicht nur typologisch für die Lehre von Paulus, sondern steht in einer geradezu frappierenden Komplementärbeziehung zu dem, was Jesus lehrte. Paulus sagt hier nicht weniger in den wichtigsten Punkten als:

1. Wer in Gesetzeswerken das Heil sucht, steht unter einem Fluch.
2. Wer nicht alle in der Torah geschriebenen Gebote einhält, steht unter einem Fluch.

Was Paulus nicht sagt, ist, worin dieser Fluch bestehen soll, aber wenn man seine anderen Aussagen dazu nimmt, muss man annehmen, Paulus meine mit dem Fluch den Mangel an Gerechtigkeit, dem nie abgeholfen werden kann, weil alle Bemühungen niemals ausreichen, um den Stand des vollständigen Heils jemals zu erreichen. Jeder, der unerlöst ist, ist ein Verfluchter, denn unerlöst sein bedeutet, nicht bei Gott angekommen und angenommen zu sein. Nicht dass Gott ein nicht bei Ihm Angekommener oder ein nicht von Ihm Angenommener sein wollte, sondern der Mensch will nicht ankommen und nicht angenommen sein. Wer durch Gesetzeswerke versucht, gerecht zu werden, bleibt unerlöst, auch unerlöst von der fruchtlosen Gesetzlichkeit. Erst wenn man die Erlösung in Christus sucht, wird man sie finden können.

Warum aber stimmt dies mit der Lehre Jesu überein, wenn Jesus gesagt hat, dass Er nicht gekommen ist, die Torah aufzulösen? Weil auch Jesus verdeutlichte, dass niemand überhaupt in der Lage ist, sämtliche Forderungen des Gesetzes zu erfüllen. Er zeigte dies, indem er die Gebote der Torah noch strikter auslegte oder erweiterte, als ob es ja jeder merken sollte, dass es niemand schaffen würde. Oder vielleicht auch, damit es niemand, bis auf ein paar Wenige, verstehen konnte. Dass er genau so gedacht haben kann, zeigt sich darin, dass Er beständig Sünden vergab und die Gnade und Barmherzigkeit Gottes betonte. Er bereitete durch Werke der Güte und Barmherzigkeit ein noch größeres und allgemeingültiges, die ganze Menschheit betreffendes Werk der Güte und Barmherzigkeit, nämlich Seine Selbsthingabe am Kreuz vor.

Auch Paulus betonte die Gnade bis zur Selbsthingabe und führte die beschränkte Reichweite der Torah vor. Paulus ist der Gnadenapostel, während die anderen Apostel eher als Torahapostel zu nennen sind, auch wenn sie zweifelsohne geglaubt haben, dass es ohne den Glauben an Jesus Christus kein Heil geben kann. Jesus hatte oft genug klar gemacht, dass der Glaube an Ihn äonisches Leben sicherte. Und zweifelsfrei haben sie erkannt, dass in Jesus Christus Gottes Gnade heilsvollumfänglich zu den Menschen gekommen ist. Dennoch hat erst Paulus die Tiefe der Erkenntnis davon bekommen, was das Heil wirklich bedeutete. ***58**

Es geht nicht nur um eine bessere Physis und um eine allgemein verbesserte Lebensqualität unter Dattelpalmen im Reich Gottes. Es geht um eine Liebesbeziehung mit Gott persönlich, eine völlig andere Existenzform.

Aus dem Gesagten kann man schließen, dass die Lehre von der Ungenügsamkeit der Torah ein Zentralstück beider Evangelien ist, demjenigen für die Juden und demjenigen für die Nichtjuden. Ohne Jesus, ohne Gnade erfährt man kein Heil. Paulus geht aber bei den Nationen noch einen Schritt weiter, wenn er sagt, die Nichtjuden brauchen die Torah gar nicht zu beachten, außer als Lehrmeister. Hierin besteht aus Sicht eines Juden der Unterschied zu dem Evangelium der Beschneidung für die Juden.

In Gal 3,11 verdeutlicht Paulus seine Gnadenlehre, weil er sagt, dass man vor Gott nicht durch die Torah gerechtfertigt wird, sondern irgendwie dadurch, dass man aus dem Glauben lebt. Streng genommen wird er ja nicht durch den Glauben gerechtfertigt, sondern durch den Gnadenstand, den er von Gott geschenkt bekommen hat. Der Glaube daran ist lediglich das Ergebnis dieses Gnadenreichtums Gottes. Und daher kann das menschliche Glaubenswerk auch nicht als erlösungskonstituierend angesehen werden, sondern nur als Folge dessen, was Christus getan hat. Er ist der Vollbringer des göttlichen Willens und der Vollender des Erlösungswerks und wehe, es glaubt jemand, dass der menschliche Wille hier gleichberechtigt und gleichvollbringend wäre. Das wäre wieder nichts Anderes als Selbstgerechtigkeit, getarnt in ein scheinfrommes Gewand. *„Ja, Herr Jesus, du bist für mich ans Kreuz gegangen, aber erst als ich es akzeptiert habe, hat es auch gewirkt! Du brauchst mich für meine Erlösung, sonst hättest du dich umsonst da hinhängen lassen!“* So spricht der Selbstgerechte!

Da heißt es dann, wer nicht glauben will, hat das Heil verwirkt. Dieser Satz findet sich in der Bibel nicht, weil er falsch ist. Wer nicht glauben will, kann nicht erlöst sein, muss es richtig heißen. Doch dieser Satz ist eine Momentaufnahme, denn der menschliche Wille hat keinen Ewigkeitswert, im Unterscheid zum göttlichen Willen. Für Gott sind tausend Jahre wie ein Tag und ein heilsgeschichtlicher „Moment“ ist in der Sprache ein Äon, ein Zeitalter, von dem allein Gott weiß, wie lange es dauert. Deshalb ist das hebräische „Olam“, das dem Äon entspricht, auch für den Menschen eine Verdunkelungszeit. Zeit an sich ist etwas Unerklärliches. Weder Philosophen noch die Atomphysiker wissen genau, was Zeit überhaupt ist. Es ist am Ende immer nur ein Wort, das für ein unerklärliches Phänomen steht. Gott, der Schöpfer von Raum und Zeit, hat die Macht über die Zeit für sich in Seinen Schöpferhänden behalten. Deshalb sind Begriffe wie „Ewigkeit“ jenseits der Gegenwartswelt von uns Menschen. ***59**

An dieser Textpassage bis Gal 3,13 merkt man deutlich, dass die Galater, die Paulus anspricht, Juden gewesen sein müssen, oder zumindest solche Nichtjuden, die schon sehr lange Gottesfürchtige waren, die die Torah gut kannten, sonst würde Paulus nicht andauernd über die Torah reden: *„Christus hat uns losgekauft von dem Fluche des Gesetzes, indem er ein Fluch für uns geworden ist.“* (Gal 3,13) Ein Hinderungsgrund für die Juden, an Jesus zu glauben, war ja, dass er wie ein Verfluchter zu sterben hatte. Paulus dreht den Spieß um. Jesus ist ja nur für uns Juden zum Fluch geworden. Das ist das Werk Jesu, der Loskauf vom Gesetz, das er am Sinai gegeben hatte. Ein Kreis, der sich für Paulus, so scheint es, schließt, gleichwohl er doch noch nicht ganz geschlossen ist.

Christus hat losgekauft von dem Fluch des Gesetzes, aber auch losgekauft von allen Sünden und vom Potential, weiter sündigen zu können. Der Fluch ist also unwirksam, soweit er darin bestand, das Gesetz unbedingt halten zu müssen. ***60** Das kann nur bedeuten, dass man das Gesetz auch nicht mehr unbedingt halten muss. Das Gesetz ist als Verhaltenskodex zu einem bestimmten Zweck eingeführt worden. Die Gnade ist hingegen unabhängig immer gültig, weil es eine Wesenseigenschaft Gottes ist. ***61** Der Mensch kann aus sich heraus nicht den Sinn und Zweck des biblischen Verständnisses vom Gesetz erkennen. ***62** Man kann aber verstehen, dass man das Gesetz nicht halten kann. Dass aber das zu erkennen, der Sinn und Zweck ist, das kann man nicht verstehen, wenn es einem nicht gegeben ist, weil man sonst ja etwas wüsste, was man noch nicht wissen soll.

Das Gesetz sagt uns zwar, was der Mensch tun sollte, aber es sagt uns nicht wie Gott ist. Und daher gibt es auch nicht die entscheidende Information über das Wie und Wozu des christlichen Glaubens. ***63** Daraus folgt, dass man nicht die Gebote halten muss, sondern Christus nachfolgen wird. Diese Nachfolge ist allein abhängig von und anhängig an der Vorfolge durch Christus. Christus ist der Vorfolger. Er tat Gottes Willen, Er befolgte keine Gebote, sondern Er tat Gottes Willen, so auch Seine Nachfolger, die im Geist Christi leben.

Das Gesetz lässt durch das Scheitern fragen, wie man denn gerecht vor Gott werden kann, denn da das Gesetz nicht die Gerechtigkeit bringt, was bringt sie dann? ***64** Erst die geistliche Erweckung bringt die Antwort, die ein Name ist. (Ap 4,12) Wer das missachtet, treibt sich in die Vergötzung, bei der das Gesetz zum Teil zum Götzen wird, oder in die Verzweiflung, weil man nicht an der Wahrheit vorbei kommt, dass man die Forderungen des Gesetzes nie einhalten können wird. ***65** Von diesem Fluch wird man so lange nicht frei kommen, wie man nicht erkannt hat, dass man das Gesetz loslassen muss. ***66** Das bedeutet aber, dass so ein um Gesetzeskonformität bemühter „Christusnachfolgert“ gar keiner ist, sondern lediglich ein Heilsanwärter. Er steht im Grunde in der Nachkommenschaft der Pharisäer, deren ernsthaftes Anliegen war, die Torah genaustens zu befolgen. Thora-Christen sind also Pharisäer-Christen. Das soll nicht beleidigend sein, sondern ihren geistlichen Stand anzeigen. Sie haben nur den halben Christus. Das Gesetz muss auch nicht als Maßstab gelten, an dem man sich orientieren muss, um ein heiliges Leben zu führen. Man kann nicht unter dem Gesetz stehen, ohne zugleich vom Gesetz den Fluch zu ernten. ***67**

JCJCJCJCJCJCJCJCJCJCJCJCJCJCJC

Liebe und Gesetz

Gal 3,10.13.24-25

Jesus hat gesagt, wie man die Forderungen Gottes, die im Alten Testament beispielsweise im Gesetzeswerk der Torah aufgeführt sind, zu einer kurzen Lebensregel zusammenfassen kann. *„Du sollst Gott lieben mit allem Vermögen, und du sollst den Nächsten lieben wie dich selbst."* (Mt 22,37-39) Schaut man sich die *„Du sollst"* – Forderungen im Alten Testament und im Neuen Testament im hebräischen und griechischen Original an, stellt man jedoch überraschend fest, dass das Hilfsverb *„sollen"* im Hebräischen gar nicht vorkommt. Und im Griechischen steht ebenfalls kein Hilfsverb. Das Verb, also das, was man *„soll"*, z.B. *„lieben"*, steht im Futur-Indikativ-Aktiv. In beiden Fällen ist also eine Übersetzung anstatt von *„Du sollst… lieben"* ebenso mit *„Du wirst… lieben"* möglich. Dann wären die „Forderungen" Gottes als Erwartungen oder gar Zusagen zu verstehen, auf die man vertrauen kann. Sie wären also prophetisch und heilsgeschichtlich zu verstehen. Prophetie und Heilsgeschichte sind bei Gott zielführend auf die Erfüllung Seines Ratschlusses (Jes 46,10ff, Eph 1,11). Gott will ja eine vertrauensvolle Beziehung mit den Menschen und hat zu allen Zeiten klar gemacht, dass Er der ist, von dem Gnade und Liebe ausgehen, damit die Beziehung nach Seinem Willen und zum Heil des Menschen wird (Jer 31,3; Joh 3,16). Und so sagt Er nicht einfach nur: *„Du sollst lieben, denn sonst wird nichts wirklich gut!"*, sondern Er sagt: *„Du wirst lieben, auch wenn es ein langer und* *schwieriger Weg wird, bis du soweit bist, aber wenn es soweit ist, wirst du es freiwillig und mit großer Freude tun."*

Dass die Beziehung zu Gott von Gott ausgeht, Seinem Ratschluss entspricht und durch die Liebe und Gnade Gottes initiiert wird, das hat gerade das Neue Testament deutlich herausgestellt (Röm 5,8; 11,32; 1 Joh 4,10.19). Dennoch scheint bei jedem die gesetzliche Phase, wo man zuerst aus dem Unvermögen des „Sollen"- Könnens das rechte „Wollen" lernen muss, zuerst zu kommen, ehe man das „Dürfen" und „Können" zur eigenen Freude erworben hat. Das Gesetz, die Sammlung der Gebote Gottes, die Torah, die eigentlich eine Weisung, eine Hinführung zum Ziel ist, ohne selbst Ziel zu sein, bewirkt dieses Können nicht. Das hat Paulus klargemacht (Gal 3,10). Das bewirkt nur das „In-Christus-sein" (Röm 3,24). Das „Du sollst..." vermag das nicht.

Für das rechte Wollen benötigt man aber eine Entscheidung, die in Übereinstimmung mit dem Ratschluss und Willen Gottes steht. Daher sagte Jesus: *„Wenn ihr meine Gebote haltet, so werdet ihr in meiner Liebe bleiben, wie ich die Gebote meines Vaters gehalten habe und in seiner Liebe bleibe."* (Joh 15,10) Nur im Ratschluss Gottes kann man auch gemäß der Liebe Gottes handeln, weil der Willen Gottes auf die Entfaltung Seiner Liebe und Güte für die Menschen abzielt (1 Tim 1,5; Jud 2). Die Liebe Gottes möchte die Gegenliebe. Aber da sie nicht erzwungen werden kann, verhilft Gott die Menschen zur Freiwilligkeit, doch dazu muss Er sie erst vom Fluch der Sünde befreien (Röm 6,23).

Ohne echte Freiheit und Loslösung von der Sünde,

gibt es keine Freiwilligkeit für die Hinwendung zu Gott.

Aber, wenn Jesus von Seinen Geboten redet, meint Er dann nicht die von Ihm als JHWH am Sinai gegebene Torah? Das würde bedeuten, dass Jesus zu den Jüngern vor Golgatha in diesem Bezugsrahmen geredet hätte. Es ging dabei um das messianische Königreich. So war auch das Verständnis der Jünger Jesu. ***68**

Doch was haben das Halten der Torah, wenn es in der rechten Gesinnung, in der Messias-Gesinnung geschieht, und die Liebe, die durch den Geist Gottes in die Herzen der Menschen kommen kann, gemein? Sie sind beide von Gott gezeugt und haben das Sichanvertrauen der Leitung Gottes im Sinn. Und diese Leitung führt immer zu Christus. Es ist also für die Wirksamkeit und Reichweite der Torah unerheblich, ob man sie Gesetz Christi nennt, weil es auf Christus hinführt, ohne Ihn aber erreichen zu können, oder ob man all das als „Gesetz Christi" bezeichnet, was Christus kennzeichnet. Es muss irgendwann im Geist Christi begonnen und im Geist Christi beendet werden. *„Seid ihr so unverständig? Nachdem ihr im Geist angefangen habt, wollt ihr jetzt im Fleisch vollenden?* (Gal 3,3). Die Frage ist daher, ob man es überhaupt im Geist begonnen hat, wenn man dann seine „Liebe" zu Gott und den Menschen in ein buchstabengemäßes Gesetz einschnürt. Sicher wird dabei keine Liebe, sondern Gesetzlichkeit herauskommen.

Wenn die Hinwendung zu Christus beginnt, ist man aber noch ein Anfänger, denn die Beziehung zu Gott muss wachsen wie die eines Kindes zum Vater. Ihm fehlt es noch am rechten Verständnis für die Wege des Vaters, aber wenn es den Vater liebt, wird es das mit dem Gehorsam zeigen wollen. ***69** Doch Kinder sollen erwachsen werden. Wer die Gebote Gottes nicht aus einem Geist des Sollens oder aus einem Pflichtgefühl oder gar aus Furcht vor Strafe heraus hält, sondern mit Dankbarkeit und Freudigkeit auf die Begegnung mit Gott reagiert, hat Gott schon in Seinem Wesen zu erkennen begonnen. Und dann will man gleichen Wesens mit Ihm sein.

Wer Gottes Wesen erkennt, will Seines Wesens sein.

Wer das verneint, hat Gott noch gar nicht erkannt. Jeder Mensch kommt mit seinem Gutseinwollen immer an Grenzen. Diese Grenzen gibt es in Christus nicht. Paulus nennt das, was einen Menschen zu Gottes Wesen hinzieht und mit ihm eins macht *„in Christus sein“.* *70

Irgendwann, das ist die Botschaft des Neuen Testaments, wird bei jedem aus dem beschwerlichen Sollen ein begeisterndes Werden, wenn er sich an Christus orientiert und sich von Ihm vollkommen machen, nämlich zum Glied Christi machen lässt. ***71** Im Hinblick auf das Gesetz, die Torah, den *„Pädagogen“*, was Luther mit *„Zuchtmeister“* übersetzt hat, deutet das auf einen Lernprozess, den das Gesetz anstößt, aber nie zu Ende führen kann. Man lernt nämlich, dass es bei uns Menschen, wenn wir nach unserem eigenen Vermögen gehen, immer am „Sollen" und „Wollen" mangeln wird und wir deshalb immer unter dem Fluch des Gesetzes stehen, solange wir uns unter das Gesetz stellen. ***72** Die meisten Christen meinen, sie müssten die Gebote halten, sonst seien sie keine echte Christen. Es ist aber eigentlich ganz im Gegenteil so, dass man aus dem Gesetz raus und in Christus hinein muss, denn das Gesetz verurteilt uns, Christus macht uns frei von jeder Verurteilung, frei auch vom Fluch des Gesetzes, denn das Gesetz spricht jeden gnadenlos schuldig (Gal 3,13; 5,1). Und das zurecht! Christi Geist nimmt sich keine Scheinfreiheiten. Aber er erkennt die Gefahr der Heuchelei, die darin besteht, dass man sich seiner Heiligkeit rühmt, weil man ein Spezialist im Halten von Vorschriften geworden zu sein meint, das Wichtigste aber dabei versäumt hat, die liebevolle Hinwendung aus ungefärbtem Herzen zu Gott und den Mitmenschen.

Tatsächlich gilt bei Gottes Liebe dieses Sollen nicht! Gott „muss" nicht lieben, weil Er Liebe ist (1 Joh 4,8.16).

Bei Gott gibt es keine „Nicht-Liebe“,

allenfalls ein Nachordnen, um später zuzuordnen.

Gott hat uns geliebt, als wir alle noch Sünder waren (Röm 5,8). Gott ist so „frei“, uns jederzeit zu lieben. Er hat sich in Jesus Christus für uns ans Kreuz nageln lassen, als wir alle noch verflucht und unter die Sünde verkauft waren (Röm 7,14). Er hat das freiwillig wegen seiner göttlichen Liebe und Gnädigkeit getan (Joh 10,17-18). Dazu gab es kein Gesetz! Gottes Liebe, also die Liebe, die Er ist und die aus Ihm heraus- und dem Menschen zufließt, ist kein Erfordernis aus dem Gesetz! Auch die Gnade ist ja gegen das Gesetz, denn wo das Gesetz verurteilt, hat Gott durch Seine Gnade die Entsühnung gebracht, ganz gleich ob wir in zehn Lebensjahren fünf Mal gesündigt haben, oder in siebzig Lebensjahren fünfzigtausend Mal. Das Gesetz gibt Erkenntnis über die Sünde und verflucht zugleich (Röm 3,20), weil es die Einhaltung aller Lebensregungen fordert, die dem Willen Gottes entsprechen und weil es feststellen muss, dass jegliche Zuwiderhandlung die Verurteilung zu fordern hat, die die Trennung von Gott zur Folge haben muss. Das Gesetz verflucht, aber die Gnade rettet. Das Gesetz bedeutet nur Leben, wenn man es auch erfüllt (Röm 10,5). Das kann kein Mensch, also bleibt es beim Fluch.

Das ist der tragische Irrtum der Menschen, die versuchen, durch noch mehr Frömmigkeit und gute Werke Gott gnädig zu stimmen, aber an ihrem Herz nichts ändern wollen (Eph 4,18.23). Sie bleiben so unter dem Fluch, denn durch ihre Werkgerechtigkeit erreichen sie nie die Rechtfertigung ihrer Herzen. Das sieht man an dem Bemühen der um äußerste Gesetzestreue bemühten Pharisäer zur Zeit Jesu. Das sieht man auch an dem Bemühen von um Frömmigkeit besorgte

Kirchenchristen, wie es Luther einer war, bis er erkannte, dass das Gesetz Gottes ihn immer nur schuldig sprach. Christus hat eben diesen Fluch des Gesetzes, des „Nie-ganz-gerecht-sein-könnens" und des „Immer-gerecht-sein-müssens" ans Kreuz geheftet (Kol 2,14), deshalb dürfen wir uns nicht mehr unter das Gesetz und damit unter den Fluch stellen. Wir müssen uns unter Christus stellen, wo nicht, beleidigen wir Ihn und weisen Seine Erlösungstat zurück. Christus wird vor allem durch solche beleidigt, die sich Christen nennen.

Wer unter dem Gesetz ist, bleibt ein Verfluchter (Gal 5,4). Er kann unter dem Gesetz auch nicht so lieben wie Gott liebt. Er kann unter dem Gesetz auch nicht gnädig sein wie Gott gnädig ist. Er kann unter dem Gesetz überhaupt nicht Gottes Wesen anziehen! Das Gesetz ist heilig, recht und gut, weil es den Menschen überführt und seine aussichtslose Lage deutlich macht. Anstatt das einzusehen, versuchen die religiösen Menschen, Gott mit ihren guten Werken günstig zu stimmen. Sie wollen mit Gott handeln, Werke gegen Erlösung. Sie setzen sich, wenn auch unbewusst in den Stand eines Gegengottes. Sie erheben sich in den Himmel und vergessen dann auch noch das Knien vor dem Thron. Noch deutlicher als die Torah zeigt die Bergpredigt, dass jedes Nochmehr an Geboten, jedes Nochgenauer, jedes Nochehrenvoller, jedes Nochwürdiger, jedes Nochlobenswerter, jedes Nochbesser den Menschen kein bisschen näher dahin bringt, das was dem Menschen unmöglich ist - aus eigenem Vermögen gerecht und sündlos vor Gott dazustehen - jemals zu erreichen. Nur Gott ist das möglich und Er hat es getan durch Jesus Christus.

Dass Gott uns liebt, entspricht Seinem Wesen. Es entspricht aber nicht dem Gesetz!

Das Gesetz kann Liebe fordern, aber nicht erzeugen!

Das Gesetz kann das Nichtlieben verurteilen und infolgedessen wird auch jeder Mensch verurteilt. Das Gesetz kann nicht zum Ausdruck bringen, was Gottes Wesen ist und daher auch nicht die Liebe, wie Gott sie hat, fordern, weil es ja schon daran mangelt, Gottes Liebe in Gebotsform auszudrücken. Als Jesus für uns ans Kreuz ging, hat Er etwas getan, was das Gesetz nicht kann, sondern nur die Gnade, nur die gnädige Gottesliebe! Die gnädige Gottesliebe ist selbstlos und ungesetzlich, ungesetzlich im Sinne von Bedingungslosigkeit, denn ihr fehlt das Sollen, ihre Mitte ist die Freiwilligkeit! Wer sagt, *„aber das Gesetz fordert doch die Liebe!“,* der muss erkennen, ja, eben, es *„fordert",* aber es stellt keine Liebe her. Die Liebe ist gnädig. Das Gesetz ist nicht gnädig. Gesetz und Gnade lassen sich nicht vermischen. ***73** Der Gnadendienst der Liebe ist ein Dienst zum Leben. Der Gesetzesdienst ist ein Dienst des Todes. ***74**

Was ist aber, wenn der Mensch aufgrund der Forderung des Gesetzes, sich um das Lieben bemüht und sich für das Liebenwollen entscheidet? Dann hat er recht entschieden, aber es bleibt dabei, seine Liebesbemühungen und Liebeswerke werden dann nur eine geforderte und unvollständige und unvollkommene Liebe bleiben müssen, solange sie nicht die Liebe ist, die von Gott ist. Diese ist freiwillig und bedingungslos, sie sucht nicht Lohn, sondern freut sich um ihre heilsame Wirkung. Die menschlich bemühte Liebe bleibt sozusagen eine Gesetzesliebe oder gesetzliche Liebe. Gottes Liebe aber ist eine Gnadenliebe. Was die Gnade kann, kann das Gesetz nicht. Was die Liebe Gottes kann, kann das Gesetz nicht.

Das *„du sollst"* macht uns schuldig, denn selbst, wenn wir in unserem Denken und Wollen und Tun uns darauf konditionieren, in Liebe zu denken, in Liebe zu wollen und in Liebe zu handeln, kommt es aus unserem menschlichen, gesetzlichen, stets limitierten Denken, Wollen und Tun. Das kann niemals dem göttlichen Lieben entsprechen (auch wenn es noch so ähnlich erscheint). Das heißt, dass die bloß menschliche Liebe nie die Vollkommenheit der Liebe Gottes erreichen kann. Gottes Liebe ist also nicht eine Steigerungsform der menschlichen Liebe, weniger noch wie ein bloß heißer Funken bereits ein Feuer ist. Göttliche Liebe hat kein Sollen. Göttliche Gnade hat auch kein Sollen. Sie sind frei und in ihrer Freiheit sind sie unbeschränkt und unendlich. Sie sind mit menschlichen Maßstäben nicht messbar. Menschliche Liebe und menschliche Gnade sind unfrei, beschränkt und endlich.

Was sich nach viel Theorie anhört, hat in Wirklichkeit gewaltige Auswirkungen auf unseren Umgang mit unseren Mitmenschen und unsere Möglichkeiten recht zu lieben. Nehmen wir ein junges Ehepaar, das sich aus einer Verliebtheit heraus verbunden hat. Was wird sich bei vielen dieser Ehen im Lauf der Zeit herausstellen? Die Liebe war bedingt und begrenzt und deshalb auch begrenzend. Sie hat bewusst oder nicht bewusst „Du sollst"- und „Du sollst nicht"- Forderungen gestellt.

Wer Christus an erste Stelle setzt, kann andere Menschen Gott ganz anvertraut sein lassen und selber loslassen. Dadurch wird man selber frei und setzt den anderen ebenfalls frei. Gottes Liebe wirkt genauso, sie zwingt nicht, sie wartet und liebt weiter, selbst wenn sie noch zurückgewiesen wird. Man muss sich und den Gegenüber befreien von dem „ich soll dich lieben" und „du sollst mich lieben", und „wenn du nicht dies tust, dann tu ich auch nicht mehr das". Stattdessen darf und kann anstelle des Sollens ein Dürfen und Können treten. Das ist das, was bei Gott seine bedingungslose Liebe ausmacht, die Er uns gegenüber hat (1 Joh 4,10).

Gott hat die Menschen durch Seine Liebe begnadigt, nicht durch seine Du-sollst-Forderungen. Mit ihnen hat Er den Menschen nur deutlich gemacht, dass sie nicht in der Lage sind, aus sich heraus wie Gott zu werden (der alte Menschheitstraum!). Der begrenzte Mensch kann aus sich heraus nicht das Wesen des unbegrenzten Gottes erreichen. Wenn Gott die Annäherung zu einer Wesensgleichheit nicht selbst bewirkt, bleibt der Mensch in der Gottesferne und Verlorenheit (1 Kor 15,22-24.28), in der Verdammung, in der Verurteilung.

Und auch zwei, die sich lieben, können sich in gewisser Weise durch ihre Liebe „begnadigen", um sich dabei noch näher zu kommen, wie es sonst möglich wäre. Dadurch, dass sie den anderen Christus überlassen und anvertraut haben und alles Sollen weggegeben habe, gehen sie nicht mehr gesetzlich miteinander um, sondern treten gnädig zueinander hin. Und mit der Gnade erscheint auch die Liebe, wie sie von Gott her ist, nicht wie sie sein „soll", sondern wie sie bei Gott ist (Heb 8,12). Dieserart Liebe baut auf. Auf sie trifft das zu, wie Paulus in 1 Kor 13, im „Hohelied der Liebe“ die Liebe ausführlich beschrieben hat. Diese Liebe denkt sich nicht zu schön, um wahr zu sein, sondern diese Liebe überstrahlt und durchdringt das Denken, sie nimmt sich selbst im Denken wahr und sie fühlt sich wahrhaft schön an!

Indem man sich von Gott gnädig machen lässt, wird man befreit von den fluchbeladenen Folgeerscheinungen der Forderungen des Gesetzes, das nur verurteilt und auch den Gegenüber verurteilt, denn der Gegenüber schafft es niemals, alle unsere Forderungen zu erfüllen. Indem man sich von Gott gnädig machen lässt, wird man frei, Gottes Liebe in sich walten und sich nicht zu sehr von den menschlichen Beimischungen dominieren zu lassen, deren oft schmerzhaften, verletzenden, enttäuschenden Folgen man zwar wahrnimmt, aber nicht los werden kann.

Die Torah, das Gesetz, die Gebote Gottes spiegeln nicht Gottes Wesen wieder. Sie lassen gewisse Rückschlüsse natürlich zu. Aber sie überführen unser „Sosein" und sie verurteilen uns (Gal 3,24-25), und das entspricht nicht dem eigentlichen Wesen Gottes, das Liebe, Güte und Barmherzigkeit ist. ***75** Diese machen die Hauptsache von Gottes Heiligkeit aus, nicht die Forderung nach Gerechtigkeit und Sündlosigkeit (Jes 44,8), sonst würde Gottes Liebe, Güte und

Barmherzigkeit nicht den Weg frei gemacht haben dafür, dass Er unsere Gerechtigkeit und unsere Sündlosigkeit für uns geworden ist. Wir werden nur sündlos und gerecht, wenn wir uns von Gott in Ihn hineinnehmen lassen. Das ist das „In-Christus-sein". Aber ebenso können wir nur Seine Liebe, Güte und Barmherzigkeit haben, wenn wir uns in Christus hineinbegeben. Außerhalb sind und bleiben wir Verfluchte.

Die Menschen merken es nicht. Es ist auch ein hartes Urteil, das sie trifft, solange sie nicht in Christus sind. Wie viele leben in großer Liebe zueinander und miteinander, aber wenn sie nicht in Christus sind, trifft sie doch der Fluch des Gesetzes bzw. des Sollens und Nichtkönnens. Spätestens mit dem Tod wirkt der Fluch und dann ist es auch mit der menschlichen Liebe aus. Gottes Gnade ist es, die bei all diesen Menschen außerhalb Christus so vieles zulässt, im Guten wie im Nichtguten, um sie dann erst viel später noch einmal ganz anders, nämlich erlösend und vollends befreiend zu erreichen. Wer von Gott berührt wird, kann diese Befreiung jetzt schon erleben und darf jetzt schon in einer Liebe einander zugeneigt sein, die Gottes Wohlgefallen und Segen hat. Sie kommt ja von Ihm. Wir können immer wieder nur staunen über Gottes Weisheit und Seine Güte.

JCJCJCJCJCJCJCJCJCJCJCJCJCJCJCJCJCJC

Die Verheißungen und der Bund

Gal 3,11.13-14.17-19.21-24

„Der Gerechte wird aus Glauben leben“, (Gal 3,11) sagt Paulus, doch das gelingt dem Gerechten nur, wenn das Glaubensleben ein Leben hin zu Christus ist. Das wird, wenn man bei Christus angekommen ist, zu einem Leben in Christus. In dem Moment, wo der Mensch glaubt, wird er schon gerecht, nur deshalb kann man ihn überhaupt einen Gerechten nennen.

Auf diesem Weg hin zu Christus kann die Torah wertvolle Dienste leisten, während sie in Christus nicht benötigt wird. Auf dem Weg zu Christus ist man noch hochmütig. Hätte Paulus sich noch radikaler ausgedrückt, hätte sich jeder zum In-Christus-sein erklärt, obwohl er die Torah noch als Richtschnur braucht. Dass einige diese Überlegungen hatten, zeigt sich ja auch bei den Kritikern von Paulus. Sie haben Paulus besser verstanden, als viele Kirchenleute heute. Paulus hat auch gesehen, dass der verkehrte Umgang mit der Torah ein großes Problem für die Christusgläubigen werden könnte und stellt die Torah sogar als fluchbeladen oder besser gesagt als flucherzeugend hin. *„Christus hat uns aus dem Fluch des Gesetzes erkauft“* (Gal 3,13). Die Torah sagt ja auch, wer sündigt, die Torah nicht befolgt, wird sterben. Der Mensch kann diesen Todeskreislauf nicht durchbrechen, denn solange die Torah die Willenskundgabe Gottes ist, sagt sie auch in Übereinstimmung mit dem Willen Gottes, dass nichts existieren kann, was diesem Willen zuwider ist. Dieser Gedanken ist im Alten Testament nirgendwo wirklich klar ausgedrückt. Er war heilsgeschichtlich nicht dran. Paulus war der erste, der ihn formulieren durfte. ***76**

Was ist aber, wenn Gott die Torah mitsamt ihrem Fluch, sie halten zu müssen und doch nicht zu können, einer höheren Wirklichkeit unterordnet? Durch Christus hat Gott das vollbracht! Christus *„wurde zum Fluch], damit der Segen Abrahams in Jesus Christus unter die Nationen [gebracht] werde, [so] dass wir die Verheißung des Geistes durch den Glauben erhalten mögen."* (Gal 3,14) Durch den Glauben, nicht durch die Torah!

Abraham hatte die Torah nicht, aber er hatte den Glauben an die Gnade und Gerechtigkeit Gottes. Insoweit ist er Vorgänger derer, die seit Golgatha sich dieser Gnade und Gerechtigkeit ausgesetzt haben. Genau darin liegt auch der Segen Abrahams. Es ist der Segen, der aus dem Glauben kommt. Das Subjekt des Glaubens war schon bei Abraham das gleiche wie bei Paulus: Jesus Christus-JHWH. Es wird sofort klar, die Torah, die Abraham nicht kannte, weil das Gesetz vom Sinai erst 5 Jahrhunderte später kam, kann hier bei diesen Segnungen, die aus dem Glauben kommen, keine Rolle spielen. Folgerichtig sagt Paulus: *„Dies aber sage ich: Einen vorher von Gott bestätigten Bund macht das vierhundertdreißig Jahre später entstandene Gesetz nicht ungültig, so dass die Verheißung unwirksam geworden wäre."* (Gal 3,17) ***77**

Welche Verheißungen? Durch Glauben gerecht zu werden. An dieser Stelle wird auch klar, warum Jesus sagte, Abraham wäre froh gewesen, wenn er Jesus Christus als auf Erden wirkender Menschensohn und Sohn Gottes erleben gedurft hätte (Joh 8,56).

Paulus verdeutlicht auch, dass dieses Erbe des Heils aus Glauben, von der Torah prinzipiell völlig losgelöst ist (Gal 3,18). Wozu diente dann die Torah? Paulus erklärt auch das: *„Was soll nun das Gesetz? Es wurde der Übertretungen wegen hinzugefügt - bis der Nachkomme käme, dem die Verheißung galt -, angeordnet durch Engel in der Hand eines Mittlers."* In der Konkordanten Übersetzung heißt es: *„Zugunsten der Offenbarmachung".* Unter der Offenbarmachung der Übertretung ist nichts anderes gemeint als zu zeigen, was ganz bestimmt nicht im Sinne Gottes ist und deshalb eine von Gott trennende Wirkung hat: zu sündigen. Was ist Sündigen? Gegen Gottes Willen zu handeln. Dass der Willen Gottes nicht mit einem formulierten und offenbarten Gebotekatalog deckungsgleich sein muss, ist selbstverständlich. Gebote, die Gott heute gibt, können morgen schon nicht mehr gültig sein. Es gibt sehr viel mehr Sünden als sie in der Torah aufgezeichnet sind. Dem Volk Israel musste aber ein solcher Sünden– bzw. Forderungskatalog gegeben werden, weil es sonst nach der puren Fleischeslust gelebt hätte. Die Torah ist ein Fleischeslust-Anprangerungsinstrument, eine Fleischeslust-Bremse schon weniger deutlich.

Die Torah hatte zwei Funktionen. Zum einen sollte sie dafür sorgen, dass ein Volk zu einem Verheißungsträger werden konnte, weil es seinen Teil des Bundes hielt (oder auch nicht). Zum anderen war sie eine erste Zielgebung auf das, was noch kommen würde, nämlich eine viel größere Gerechtigkeit und damit die eröffnete Möglichkeit, Gott näher zu kommen. Zum Nahesein bei Gott wurde der Mensch ja erschaffen. ***78**

Die Bergpredigt steht zwischen der Torah und der Gerechtigkeit, die bei Gott gültig ist. Wer das wirklich erreichen will, was die Bergpredigt fordert, dem kann geholfen werden, indem er den Geist Christi in sich leben lässt. Der Geist Christi strebt nicht explizit danach, die Forderungen der Bergpredigt einzuhalten, sondern immer Gottes Willen zu tun. Mehr als eintausendvierhundert Jahre vor Jesus Christus kam die Torah. Das Volk Israel hatte also einen langen Vorlauf und viel Gelegenheit sich an der Torah zu üben. Wie zweitausend Jahre Kirchengeschichte zeigen, ist auch die Christenheit mit ihren Übungen, die Gebote Gottes einzuhalten, nicht sehr weit gekommen. Sie haben einen erstaunlichen Findungsreichtum an den Tag gelegt, die Voraussage Jesu, dass man nur im Irrtum meint, Gottes Werke getan zu haben, aufs Mannigfachste zu bestätigen. Da diese Irrwerke auch lehrmäßig untermauert wurden, ist auch das Lehrgebäude, weil es grobe Irrtümer enthält, marode und wird irgendwann zusammenbrechen.

Bei Judentum und Kirchenchristentum gilt, sie brauchen Christus, und sie brauchen Ihn ganz, nicht nur ein Stückchen. Aber um ihren Ersatztempel aufrecht zu erhalten, haben Christen wie Juden zu den Geboten der Bibel noch eigene Vorschriften dazugedichtet: Folgsamkeit gegenüber dem Klerus und dem Papst, die magische Wirkung der Sakramente, das Fürwahrhalten unwahrer Dogmen usw. Dazu gehört auch eine von der Bibel abweichende Gnadenlehre. Sie ist dadurch gekennzeichnet, dass sie den Menschen groß macht und Gott verkleinert. Das ist ein Kennzeichen von Irrlehren, dass sie den Menschen groß machen und Gott verkleinern.

„Bis der Nachkomme käme, dem die Verheißung galt“ (Gal 3,19), solange ist also die Torah hinzugekommen zur Heilsgeschichte Israels. Das bedeutet nicht, dass die Torah jetzt, da der eigentliche Verheißungsträger und Erlöser gekommen ist, abgetan ist, sondern bis dahin war die Erlösung nicht möglich. Und erst jetzt kann auch in vollem Umfang erkannt werden, dass die Torah etwas Vorläufiges ist. Umso erstaunlicher ist, dass sie von Juden und Christen als „ewig“ betrachtet wird, als ob sogar der ewige Gott ihr die Ehre der Gleichberechtigung erweisen müsste.

Paulus verdeutlicht, dass die Torah nicht gegen die Verheißungen, durch Glauben gerecht zu werden, gerichtet ist. Sie ist ja kein Konkurrenzunternehmen. Zwar kann die Torah nicht für die Gerechtigkeit sorgen, weil sie nur anzeigt, was zu einem gerechten Wandel dazugehört, aber das war auch nie ihr Zweck (Gal 3,21). Vielmehr sagt Paulus, dass die Torah dazu diente, die Sünde zu verdeutlichen. Das tut sie auch, und sie zeigt damit, dass alle die Rechtfertigung durch Christus benötigen, mithin den Glauben Christi, um der Heilsverheißung als Heilshabende und Erbe göttlicher Herrlichkeit teilhaftig zu werden (Gal 3,22).

Das müsste also bei aller Verkündigung von Geboten und moralischen Forderungen dabei sein, die Verkündigung, dass nur in Jesus Christus das Heil zu haben ist, denn ohne Christus sind die Gebote wie Pfeile, die zwar abgeschossen werden, aber nie ihr Ziel erreichen. Gebote sind ziellose Pfeile, wenn sie nicht auf Christus hinführen sollen. Das haben viele Anpreiser der Bergpredigt nicht verstanden. So meint z.B. der Philosoph Carl F. V. Weizsäcker die Bergpredigt sei ein moralisches Monument, weshalb es von Hindus und Buddhisten gleichermaßen verehrt werde. ***79** Doch hier liegt bei allen ein Irrtum vor. Die Bergpredigt ist ohne Christus unvollkommen und nicht viel mehr als nichts. Sie kann ohne das, was ihre Quintessenz ist, gar nicht verstanden werden. Sie ist auch nicht lebbar. Sie ist niemals lebbar, außer in Christus. Und in Christus braucht man sie nicht einmal durchbuchstabieren. Sie zeigt zu allererst und zu allerletzt nämlich nur eines: der Mensch kann von sich aus nicht gerecht werden und muss an seinen Bemühungen zu Selbsterlösung scheitern. Doch sie fragt zugleich unausgesprochen: Wie kann der Mensch dann erlöst werden und zum Ziel seiner Bestimmung gelangen? Diese Antwort gibt der Prediger der Bergpredigt an anderer Stelle. Sie ist knapp, prägnant und vor allem erschöpfend: Jesus Christus. Die andere Stelle ist das Kreuz von Golgatha. Die Bergpredigt weist unausgesprochen auf Jesus Christus hin. Sie weist von der Torah weg und zu Christus hin. ***80**

Daher beweisen Hindus oder Buddhisten oder Philosophen, die die Bergpredigt als moralische Zielvorstellung preisen, nur, dass sie nichts verstanden haben. Das kann man aus ihrer Warte aus auch gar nicht verstehen. Sie gehen am Wesentlichen ganz traditionell vorbei und reihen sich ein in die Masse der Bemühten, die meinen, Gott nichts oder wenig und sich alles oder viel zutrauen zu müssen. Sie haben Gottes Gnadenkonzept, das direkt Seinem Wesen entspringt, nicht verstanden und kriechen mit ihren Anstrengungen weiter wie blinde Krebse vorwärts-rückwärts in der Brandung der menschlichen Möglichkeiten, vorerst nicht ganz untergehen zu müssen. Christus kann man nur von innen verstehen, wenn man von Ihm umfangen ist. Man braucht ein Innenverhältnis zu Ihm. Paulus hatte diese Sicht, deshalb weist er die bemühten Torahbegeisterten in die Schranken.

Das Urteil des Theologen Fritz Binde über das Verständnis der neuzeitlichen Theologen über die Bergpredigt, fiel bereits vor hundert Jahren hart aus. *„Kein Wunder, dass das Volk damals am Schluss dieser Predigt sich über Jesu Lehre „entsetzte“ (Mt 7,28). Es bewies damit mehr Verständnis für diese ichstürzende Gottesrede als unseren heutigen Pharisäer und Schriftgelehrten, die die Bergpredigt zu einer gefälligen Moralpredigt für ichverliebte, fromme Selbstentfaltung erniedrigt haben."* ***81** Warum war die Bergpredigt „ichstürzend“? Weil sie deutlich zeigte, dass der Mensch aus eigenen Kräften nicht gerecht werden kann. Der Mensch sieht ein, ich genüge nicht, er kommt herunter von seinem hohen Sockel, auf dem geschrieben steht: ich schaffe es!

Warum nennt Binde die Schriftgelehrten ichverliebt? Weil sie meinen, sie könnten die Gerechtigkeit, die in der Bergpredigt gefordert ist, aus eigener Kraft herstellen. Wie kommt man darauf, dies zu unterstellen? Weil es so gelehrt wird. Als Christ mit dem rechten Glauben, könnte man nun richtig fromm sein. Ja, aber das geht nur, wenn man die eigenen Werke aufgibt und sich ganz Christus überlässt. Das geht aber nur, wenn man den Geist Christi in sich hat, der dieses Überlassen anstößt und uns zugleich von unserer Ichüberhöhung herunterstößt. Das Kennzeichen eines bekehrten Menschen, der sich von Christus ziehen lässt, ist Seine Verbundenheit mit Christus und nicht mit der Torah oder irgend einem religiösen Substitut.

Alle sind Sünder, ganz gleich, ob sie es nach der Torah sind und in Kenntnis der Torah oder nicht. Das gilt für Juden wie Nichtjuden. Der Vorteil der Juden bestand darin, von Gott her zu wissen, was Sünde ist. Für Baalsanbeter war es zum Beispiel von ihren Götzen geboten, ihre Kinder dem Moloch zu opfern. Den Muslimen ist es geboten für den Islam zu morden, wenn sie sich im Djihad befinden. Für sie ist es keinesfalls klar, was Gott will und Dank der vielen Bibelausleger und Kirchenfunktionäre ist es auch Juden und Christen nicht immer klar, was sie tun dürfen.

„Bevor aber der Glaube kam, wurden wir unter dem Gesetz verwahrt, eingeschlossen auf den Glauben hin, der geoffenbart werden sollte." Die Torah diente insofern als Verwahrungsinstitution wie es Paulus in Gal 3,23 zum Ausdruck bringt, und zwar gerade so lange, bis der Glauben enthüllt würde, den es in Jesus Christus gibt. Es ist bei alledem klar, warum die Torah liebenden Juden die Lehre von Paulus verwarfen. Der Glaube, dass plötzlich alles ganz anders sein sollte, muss einem gegeben sein, sonst verwirft man ihn. Man bedenke: Gott hatte die Torah ganz exklusiv Israel gegeben, das hob Israel aus den Völkern hervor. Und dann hatte Gott noch gesagt, *„haltet ihr euch daran, werden ihr gesegnet!"* Jetzt war Paulus gekommen und bezog die Torah nicht auf den Segen, den man bekommen würde, wenn man sich daran hielt, sondern auf eine Person, den Messias. Nun sollte man sich auf Ihn und an Ihm ausrichten, wenn man gesegnet sein wollte. Das war ein revolutionärer Gedanke. Oder vielleicht auch blasphemisch! Die Rabbis waren sich einig!

Mit Gal 3,23 will Paulus sagen, dass durch Christus der Glauben erst an Ihn kommen konnte. Vorher gab es nur die Torah, als Vorbereitung auf Christus hin. Die „Verwahrung" unter dem Gesetz bestand darin, dass man sich vom Heidentum abhob, zumal man bereits den Willen Gottes, bezogen auf das Volk Israel, kennen durfte und damit auch die Verheißungen auf den kommenden Messias und Sein Reich. Man hatte die Zukunft in der Tasche. Man musste also nicht in die völlige Dunkelheit des Heidentums abgleiten, sondern in den Schatten, wo bereits umrisshaft Gottes Heilswillen erkennbar wurde. Doch erst mit Christus kam das endgültige Licht. Und erst in diesem Licht war die Torah auch als Schatten zu erkennen. Jesus konnte das Licht vor Golgatha nicht voll leuchten lassen, weil Sein Auftrag in Bezug auf Israel zuerst nur das irdische Gottesreich des Messias betraf. Paulus meint mit dem Eingeschlossensein in die Torah also gar nicht, dass man dadurch einen Mangel zu erleiden hatte, denn ein Einschluss ist auch immer schützend.

Dem Ausleger David Stern ist es aber immer noch zu negativ. Er kann nichts auf die Torah kommen lassen und muss daher sagen, dass Paulus nicht die Torah meinte, sondern ein *„System, das aus der Entstellung der Torah zur Gesetzlichkeit rührt“.* ***82** Sterns Begründung lautet, da Jesus die Torah nicht aufgelöst habe, sei es falsch zu sagen, dass zuerst die Torah war, bevor der Glauben kam, um sie zu überschatten. Die Torah sei ja in ihrer wahren Bedeutung geblieben. Doch genau das hat Paulus mit gutem Grund und richtigerweise gesagt. Die Torah kann nicht den gleichen Stellenwert haben wie das Vertrauen in Christus, denn die Torah an sich ist ein totes Gesetzeswerk, der Glauben hingegen ist nicht tot, sondern lebendig, sonst wäre ein kein Glauben. Der Glauben steht für eine lebendige Beziehung zwischen Gott und Mensch. Die Torah besteht nur aus Buchstaben, die ohne Leben sind.

Hätte Paulus nur ein gesetzliches System des Missbrauchs der Torah gemeint, hätte er damit eine negative Aussage getroffen und damit zugegeben, dass die Torah, bevor der Glauben kam, völlig nutzlos war, denn es gab ja nur den Missbrauch nach der Satzaussage: „Bevor der Glaube kam, waren wir unter dem Missbrauch der Torah verwahrt“. Die Torah hätte nichts Positives bewirkt, wenn sie nur missbraucht worden wäre. Aber auch das stimmt nicht, und Paulus hätte eine falsche Aussage gemacht. Die Torah hatte sehr wohl viel Nutzen.

Wahr und biblisch nachprüfbar ist, dass die Torah sehr hilfreich und nützlich für die Juden gewesen war, eben weil sie auf den Christus hin vorbereitete. Wie weit das ging, weiß nur Gott und Er wird es jedem einzelnen Juden sagen.

Das passt auch zum Kontext, zu sagen, dass die Torah gemeint ist, nicht der Missbrauch. Sterns Auslegung passt nicht. Vorher sagt Paulus, dass die Torah allein nicht die für das Leben notwendige Gerechtigkeit erwirken kann (Gal 3,21). Und nachher sagt Paulus, dass die Torah der *„Zuchtmeister gewesen auf Christum hin, auf dass wir aus Glauben gerechtfertigt würden."* (Gal 3,24) Also ist die Torah, nicht deren Missbrauch, nützlich, um darauf vorbereitet zu werden, den Glauben in Christus zu empfangen. Wenn Stern sagen will, dass ein Missbrauch auf Christus hin vorbereitet haben soll, dann muss erst recht gesagt werden, dass die Torah als solche, wie schon das hebräische Wort, zu Deutsch *„Zielführung",* anzeigt, auf Christus hin vorbereitet hat, denn was zeigt mehr, dass man Christus braucht, dass man am Einhalten der Gebote scheitert oder dass man am Missbrauch der Torah scheitert? Die Antwort ist klar. Ein Missbrauch hat von Gott sicherlich keinen Auftrag bekommen, ein Wächteramt auszuüben. Ein Missbrauch von etwas Gutem kann nicht die Ursache von etwas Gutem sein, sondern kann allenfalls zu einer Erkenntnis führen, die mit einem guten Entschluss zu einer guten Folgeerscheinung wird. Stern verwechselt Ursachen und Wirkungen. Die Torah führte dazu, dass sie befolgt und auch nicht befolgt und missbraucht wurde, doch wie sehr sie auch befolgt wurde, gab sie nicht das Leben, denn das war an die Gnade Gottes gebunden. Diese Erkenntnis kam dann mit Christus, genauer gesagt, mit dem Geist Christi, und der Glauben in Christus beinhaltet eben genau diese Erkenntnis: nicht durch Werke, sondern durch Gottes Barmherzigkeit werden wir gerechtfertigt.

Hier in Gal 3 übersetzt Stern *„nomos",* das für Torah steht, mit dem System des Missbrauchs der Torah. In Gal 4,4-5 übersetzt er es mit *„Kultur, in der die Entstellung der Torah zur Gesetzlichkeit die Norm war."* ***83** Er legt sich den Begriff zurecht wie er es braucht. Paulus sagt hier den Galatern, dass Jesus *„unter Gesetz geboren“* war, *„auf dass er die, welche unter Gesetz waren, loskaufte, auf dass wir die Sohnschaft empfingen.“* Das ist die Fortführung des Gedankens von Gal 3,23 und ist in sich schlüssig. Bevor Jesus geboren wurde, gab es nur die Torah, dann kam Jesus, selber noch heilsgeschichtlich im Zeitalter der Torah, des Bundes vom Sinai geboren und aufgewachsen. Und wozu? Um die, die unter dem Gesetz waren, die Juden, „loszukaufen“. Und dann, nicht damit allein die Juden die Sohnschaft empfingen, sondern „wir“, d.h. die Gemeinde, die sich aus Juden und Nichtjuden zusammensetzt. Die Gemeinde ist aber eine Leibesgemeinschaft Christi und Christus braucht keinen Gebotekatalog, indem Er ständig nachschlagen muss, was Er soll oder nicht soll.

Warum hat Stern damit ein Problem? Er stört sich an dem Begriff *„vom Gesetz loskaufen“.* Wenn man sich von der Torah loskaufen könnte, würde die Torah ja keine Bedeutung mehr haben. Also muss er leugnen, was die Bibel hier sagt und behaupten, die Bibel sage – ganz anders - Jesus sei in die „kulturelle Norm der Torah-Entstellung“ hineingeboren worden, um alle die darunter stehen, frei zu machen. Das würde aber wiederum bedeuten, dass es keine Kultur derer gab, die sich echt darum bemühten, die Torah zu halten und ein heiliges Leben zu führen, was wiederum die Kompetenz der Torah in Frage stellen würde, überhaupt etwas Positives bewirken zu können.

Stern konzentriert sich zu sehr auf den Missbrauch der Torah und übersieht dabei das Problem, welches auch schon die Torah an sich vor dem Menschen aufbaut: wer sich auch immer um einen torahgerechten Lebenswandel bemüht, scheitert dennoch daran. Und genau deshalb braucht wirklich jeder Jesus und niemand wirklich die Torah. Das war die Lehre von Paulus. Paulus war historisch – nach Jesus – der erste, der die Torah richtig verstand. Zweitausend Jahre später gibt es immer noch viele, die sie nicht richtig verstehen und sie immer noch mit Christus auf eine Stufe stellen, oder sogar darüber! Und das, nachdem sich Paulus in seinen Lehrbriefen so viel Mühe machte, das klarzustellen. Warum ist ihm das nur begrenzt gelungen? Weil man, um es verstehen zu können, das Verständnis von dem geschenkt bekommen muss, der den Gedanken erstmals in die Welt gesetzt hat.

JCJCJCJCJCJCJCJCJCJCJCJCJCJCJCJCJCJC

In Christus sein, mehr oder weniger

Gal 3,24.27-29; 4,1-7-11

Paulus macht es – für die, die es verstehen dürfen - ganz klar, die Torah wurde ein Hinführer („Zuchtmeister") zu Christus (Gal 3,24). Bevor Christus kam, konnte man das nicht wissen und somit war jeder Eifer für die Torah verständlich. Jetzt aber war Jesus Christus gekommen und der Eifer für die Torah hinfällig.

„Nachdem aber der Glaube gekommen ist, sind wir nicht mehr unter einem Zuchtmeister; denn ihr alle seid Söhne Gottes durch den Glauben in Christus Jesus." Diese Worte von Paulus können schwer so verstanden werden, dass die Juden oder Nichtjuden noch die Torah halten sollen. „Nicht mehr unter dem Zuchtmeister"! „Nicht mehr"! Wie kann es dann sein, dass man immer noch an diesem Zuchtmeister festhält? Ganz einfach und logisch! Wenn man (noch) nicht zu den „wir" gehört! Ob Paulus so fein unterschieden hat? Er schreibt nämlich für alle, die daran zweifeln, was er da sagt: *„Denn ihr alle, die ihr auf Christus*

getauft worden seid, ihr habt Christus angezogen. Da ist nicht Jude noch Grieche, da ist nicht Sklave noch Freier, da ist nicht Mann und Frau; denn ihr alle seid einer in Christus Jesus." (Gal 3,28) Für genau diese Lehren wurde Paulus hart von den Juden angegangen. Und zwar auch von den messianischen Juden. Paulus meint hier in Gal 3,28 die Zugehörige der Gemeinde Christi. Nirgendwo sagt er in seinen Briefen, dass für die messianischen Juden etwas anders gelten würde. Er scheint in dieser Textpassage davon auszugehen, dass jeder Jude, der an Jesus Christus glaubt, auch zur Gemeinde Jesu gehören sollte. Sicher ist das nicht, denn er unterscheidet anderswo ebenso von den Aufgaben eines Petrus und seinen eigenen Aufgaben und gibt den jeweiligen Verkündigungen einen eigenen Namen, Evangelium der Beschneidung und Evangelium der (sinngemäß) Unbeschnittenheit. Sollte man meinen, dass es sich nur um Unterschiede des Adressatenkreises handelt, fällt es leicht, zu sagen, dass es für Paulus nur noch die Gemeinde Jesu gab, wo jeder seinem Evangelium gehorchen musste und demzufolge die Torah aufgelöst war. Dann bleibt aber das exegetische Problem, dass die Jünger das offenbar nicht vertraten und dafür gute Gründe gehabt haben müssen, zum Beispiel, weil Jesus sie das nicht gelehrt hatte. Auch dann hat man zumindest eine Unterscheidung heilsgeschichtlicher Wahrheiten, jene die vor Paulus galten und die anderen, die danach galten.

Sollte man aber meinen, dass die Unterschiede der Evangelien nicht nur im Adressatenkreis, sondern auch im Inhalt deutlich zu machen waren, dann müsste Paulus nur dann nicht das andere Evangelium der Jünger Jesu nicht verworfen haben, wenn er der Überzeugung war, dass es ein messianisches Judentum gab und zu geben hatte, das sich unterschied von der Gemeinde Jesu Christi. Doch das hat er nie klar ausgesprochen. Klar ist lediglich, dass es ein messianisches Judentum gab, das gegen die Lehren von Paulus vorging und dass sich Paulus gegen dieses Vorgehen verbal zur Wehr setzte.

Man hat ja immer wieder versucht, die Evangeliumsberichte von Matthäus, Lukas, Markus und Johannes zu harmonisieren. ***84** Bei den Paulusbriefen und den übrigen Briefen des Neuen Testaments hat man bisher keine wirklich überzeugenden Ergebnisse erzielt. ***85**

Auch die Kunstgriffe von zwei verschiedenen Seiten einer Medaille einer einzigen Wahrheit oder von verschiedenen Perspektiven der gleichen Sache zu reden, sind nur Verlegenheitslösungen, aber keine befriedigenden Erklärungen. Es bleibt stehen, dass Paulus eine andere Verkündigung hatte als die Jünger Jesu. Und dies kann auch an zahlreichen Beispielen festgemacht werden.

„Ihr alle seid einer in Christus Jesus" (Gal 3,28). Das Einssein ist nur da, wenn man in Christus ist, nicht umgekehrt, dass man sich mit Menschen zusammentut, die Einigkeit ausruft und meint, die müsse von Christus anerkannt werden.

Einssein mit anderen in Christus kann es nur geben,

wenn man selbst und die anderen in Christus sind.

Und das ist deshalb so, weil:

Das In-Christus-sein gibt es nur in Christus!

Das bedeutet auch, dass kirchliche Beschlüsse und Zusammenschlüsse daran nichts ändern. Ökumene mag für vieles gut sein, man bringt sich dann vielleicht nicht gegenseitig auf den Scheiterhaufen, aber es taugt nicht dazu, in Christus hinein zu kommen.

In Christus kommt man nur hinein,

wenn Christus einen hineinzieht.

Das ist nicht zu ersetzen durch das Hineinziehenlassen in Kirchen und ihre Zusammenschlüsse! In den meisten theologischen Schriften wird wie selbstverständlich davon ausgegangen, dass alle Kirchenchristen und alle Kirchen grundsätzlich in Christus wären. ***86** Das ist jedoch ein Trugschluss.

Es ist überaus schwierig einem Menschen die Logik verständlich zu machen, die verlangt, dass man anstatt einer Sache, hier den Geboten der Torah, einer Person mit den gleichen Konsequenzen der Heiligung folgen soll. Man kann doch eine Sache nicht einfach durch eine Person, auch wenn diese vorbildlich war, folgen! Gerade wenn die Person aber in ihrer Gerechtigkeit und ihrem moralischen Verhalten vollkommen ist, muss man sich doch anschicken, genau das gleiche zu tun wie die Person! Und genau hierin liegt der Denkfehler. Man soll nicht das Morden bleiben lassen, weil Jesus es auch getan hat, denn das würde ja bedeuten, dass man morden müsste, wenn Jesus das auch getan hätte, sondern man soll Christus die Werke tun lassen und sich von Seinem Geist ganz bestimmt sein lassen. Tut man das, so mögen manche Werke wie Torahwerke aussehen und die Juden würden sagen, *„er hält die Torah!“* Aber wenn sie daraus folgern würden, er beachtet die Torah, weil er sie für geboten hält, würden sie sich dennoch irren. Darin liegt die Schwierigkeit, Paulus in seiner scheinbaren Widersprüchlichkeit zu verstehen. Aber nur so ist hinreichend erklärbar, warum bestimmte Torahgebote ihre Bedeutung jemals verlieren können, ohne dass die göttliche Ordnung zusammenbricht, und auch warum es neben den moralischen Geboten auch rein funktionale Gebote gibt wie z.B. die Opfergebote, die zumindest zum Teil durch das erste Kommen des Messias ihre Funktionalität verloren haben und daher auch nicht mehr beachtet werden müssen. Auch für das Sabbatgebot gilt, dass es für diejenigen nicht mehr um das Ruhen für Gott an jedem siebenten Tag gehen kann, wenn er das viel Bessere ergriffen hat, jeden Tag, möglichst 24 Stunden in Jesus Christus zur Ruhe gekommen zu sein, wie der Pfeil, der endlich das Ziel erreicht hat.

Es ist nicht notwendig herauszustellen, dass Paulus hier speziell diejenigen anspricht, die sich als Glieder des Leibes Jesu Christi und damit in einer besonders nahen Verbindung mit ihrem Erlöser verstehen, denn Paulus kann nicht in die Herzen schauen und seine Ansprachen betreffen meistens alle und immer alle, die wissen, dass genau sie angesprochen sind. Er kann es sich ersparen, immer fein säuberlich zu unterscheiden zwischen Juden und Nichtjuden, er muss keine Klassifizierungen vornehmen, die berücksichtigt, dass manche gerade so weit denken und sich so fern sehnen wie das kommende Königreich. Er spricht an,

- dass viele sogar noch so schlimm wie die Nichtgläubigen leben, obwohl sie vorgeben, an Jesus als Erlöser zu glauben,
- dass andere sehr fromm und torahtreu sind, aber die Bedeutung von Jesus nicht ganz verstanden haben und
- dass es ebenso welche gibt, die die Früchte der Nachfolge Jesu zeigen und eine große Liebe zu Gott unter Beweis stellen.

Paulus geht es stets um Inhalte, nicht um Klassifizierungen. Egal ob man Jude oder Nichtjude ist, als Glied am Leibe Christi, ist es einerlei. Es ist aber ebenso einerlei, ob man als Jude oder Nichtjude nur auf das Königreich hofft. Alle haben jedenfalls eine Beziehung zu Christus, wo nicht, haben sie gar nichts. *„Alle, die ihr auf Christus getauft worden seid, ihr habt Christus angezogen.“* (Gal 3,27)

Paulus hätte auch sagen können, *„ihr habt den Geist Christi"*. Wo nicht, kann es noch werden.

Diese gewollte Ambivalenz der neutestamentlichen Ansprachen findet sich auch im Begriff des Königreichs und Himmelreichs. Der Melech-König ist ja in Wirklichkeit ein Hirte, ein Hirte, der auch die Völker mit eisernem Stab weidet, wenn es sein muss. Und es wird sein müssen! Daher bezieht sich das Königreich immer auf irdische Verhältnisse und meint das messianische Reich des Messias, dem „Gesalbten", also dem König von Israel. Daneben gibt es noch die Begrifflichkeit des Himmelreichs, oder noch exakter gesagt, ein Reich der Himmel. Abgesehen davon, dass fromme Juden gerne „Himmel" sagen, wen sie vermeiden wollen von Gott zu reden, betrifft das Reich Gottes sehr wohl auch die himmlischen Dinge, die auch mit dem messianischen Reich zusammenhängen, das ja nie losgelöst ist von himmlischen Verhältnissen. Und schon deshalb kann man die Begrifflichkeiten nicht scharf auseinanderdividieren. Das erklärt, warum Jesus ebenso sagen konnte, *„das Reich der Himmel ist unter euch"* wie *„das Königreich ist angebrochen"*, denn Er vertritt ja beides als Messias-König und Sohn Gottes, der zur Rechten des Vaters sitzen wird. Auch Seine Gesandten und Boten sind Repräsentanten dieses Reiches Gottes, das im Himmel bereits ist und auf Erden, wegen der gegenwärtigen Herrschaft des Fürsten dieser Welt, nicht mehr als im Kommen ist. Zu diesen Repräsentanten gehört auch Paulus und jeder, der Jesus als seinen Melech (Hebr. für „König") bereits anerkannt hat.

Paulus wusste sehr wohl, was dieses Reich umfasste, und er wusste, dass es einen Unterschied machte, ob man Bürger des messianischen Reiches mit Sitz in Jerusalem war oder ob man Himmelsbürger oder gar ein Mitglied des Hofstaates war, den Jesus vom Himmel mit herabbringen würde. Aber anscheinend gehörte es nicht zu seinen Aufgaben, den Römern, Korinthern, Galatern oder Kolossern kundzutun, wer von ihnen zu welcher Bürgerschaft zu zählen war, außer dass er ihnen allen sagte, dass, wer in Christus ist an seinem bestimmungsziel angekommen ist.

Und dennoch sind in seinen Ansprachen verschiedene Beziehungsebenen zu erkennen. Gerade der Streit um die Torah zeigt, dass es wenig Sinn gemacht hätte, wenn man den Milchbrei mit zu vielen festen Stücken angereichert hätte, die dem Kinde im Hals stecken geblieben wären. Größeren Kindern stand es ja frei, sich die großen Stücke herauszupicken, die kleineren Kinder konnten sie am Tellerrand liegen lassen.

Es ist anzunehmen, dass es sich bei den Galatern um Juden und Nichtjuden handelte, wobei Nichtjuden möglicherweise die Mehrheit stellten. Die Forschung ist sich da uneins, was zur Genüge zeigt, dass es nicht entschieden werden kann. Heilsgeschichtlich ist das unerheblich. Das auch deshalb, weil Paulus immer klar alle anspricht „to whom it may concern". Immer genau den, den es angeht! Daran hat sich bis heute nichts geändert! Aus den Inhalten erschließt sich hinreichend, wen Paulus, wen Gott meint. Und das ist auch der Grund, warum heute alle Kirchen, sogar bei großen Unterschieden in der Lehre, meinen, ihre Lehren in der Bibel wiederfinden zu können. Wer etwas Unerträgliches ist, wird es spätestens bei der Verdauung bemerken!

Wenn Paulus trotz der Nichtjuden so sehr die Torah abhandelt, dann deshalb, weil es für sie ganz ähnliche Glaubensansätze und –inhalte gab. Und vieles was für beide gleichermaßen galt. Zu wenig Torahbeachtung ist ebenso verkehrt wie zu viel. Jeder braucht das richtige Torahverständnis. Aber nicht jeder braucht die gleiche Torahansprache. ***87** Aber auch deshalb muss Paulus den Galatern über die Torah seine Lehren kundtun, weil inzwischen messianische Juden zu den Galatern gekommen waren, die die Wichtigkeit der Beobachtung der Torah hervorgehoben haben. Es scheint so, dass es messianische Juden gab, die

Paulus hinterher reisten, sonst würde Paulus in seinen Briefen ihren Dienst nicht immer wieder zur Sprache bringen. Bei all dieser Gewichtigkeit, mit der Paulus über den Stellenwert der Torah seine Sicht kundtut, sind drei Dinge erstaunlich.

Erstens können die anderen jüdischen Apostel nicht die gleiche torah-kritische Haltung wie Paulus vertreten haben, sonst wären sie in ähnlicher Weise verfolgt worden. Davon ist nichts bekannt. ***88** Und dann hätte es auch kaum messianische Juden gegeben, die in den Missionsgebieten des Paulus die paulinischen Lehren bekämpft oder zumindest in Frage gestellt hätten. Von Jerusalem aus wurde nichts gegen diese Anti-Paulus-Opposition unternommen. Das bedeutet, dass sie zwar nicht unbedingt die Unterstützung der Gemeinde in Jerusalem mit ihren „Säulen" hatte, aber offenbar näher an einer Duldung war, als sich der deutlichen Distanzierung erfreuen zu müssen.

Zweitens stellt sich die Frage, warum die anderen Apostel in Lehrfragen offenkundig Paulus nicht weiter den Rücken stärkten, wie sie es noch in der Apostelkonferenz getan hatten. Die Antwort kann nur lauten: Ihr Torahverständnis scheint ein anderes gewesen zu sein. Was für die Nichtjuden zu gelten hatte, da bestand offenbar im Wesentlichen Einverständnis. Hätte auch für die Juden das gleiche Einverständnis bestanden, hätte man eigentlich erwarten müssen, dass sich die anderen Apostel gewaltigen Schwierigkeiten unter den Juden in der Mission, vor allem aber in Judäa und Jerusalem gegenüber gesehen hätten. Darüber berichtet die Bibel nicht. Davon ist nichts bekannt. Vermutlich, weil es das nicht gegeben hat, jedenfalls nicht in einem nennenswerten Ausmaß.

Über diese Dinge kann man aber auch deshalb so urteilen, weil die Kirchenchristenheit die Richtigkeit in ihrer eigenen Lebenspraxis zeigt. Da gibt es immer noch die gleichen Gruppen, Parteien und Glaubensrichtungen wie schon damals: Torahverehrer, Eiferer, Liberale, Heiden, Schlimmere als Heiden, aber auch solche, die jedes Wort Gottes ernst nehmen und schließlich solche, denen Gott viel Gnade und Erkenntnis geschenkt hat. Vielleicht auch Gnade ohne viel

Erkenntnis. Das gleiche Verständnis oder Unverständnis scheint es heute in der Christenheit zu geben wie im ersten Jahrhundert. Und das ist umso erstaunlicher, denn mittlerweile hat man ja die Schriften des Paulus und man hat sie auch noch als kanonisch und von Gott inspiriert anerkannt. Zumindest Christen, die die Bibel als Wort Gottes verstehen, müssen sich nicht mehr über die Kompetenz von Paulus streiten.

Warum gibt es in der heutigen Christenheit eine solch uneinheitliche Verkündigung? Die katholische Kirche behauptet, man muss die Zehn Gebote halten. Tut man es nicht, muss man zu einem katholischen Priester und ihn um Sündenvergebung ersuchen. Das geht aber nur, wenn man katholisch ist. Man stelle sich vor, da geht ein evangelischer Christ zum Beichten zu einem katholischen Priester, bereut seine Sünden, bekommt aber keine Sündenvergebung. Die katholische Kirche behauptet, Gott habe hierzu keine andere Meinung und Maßgabe als dass er das Mandat Sünden zu vergeben, an die Kirche abgegeben habe. Er selber hat nichts damit mehr zu tun. Das ist natürlich Unsinn. Richtig ist nur, was der katholische Priester zu dem Sünder gesagt hat: ich kann dir deine Sünden nicht vergeben! Das stimmt deshalb, weil Gott Sein Mandat nie abgegeben hat. Dass er den Jüngern Jesu ein anderes Mandat für „Binden“ und „Lösen“ gegeben hat, bleibt davon unberührt. ***89**

Die Inkonsequenz in der Befolgung und Wertschätzung der Torah gibt es bei annähernd allen christlichen Glaubensgemeinschafen. Die katholische Kirche hat das Sabbatgebot eigenmächtig in ein Sonntagsgebot umgewandelt. Das Kuriose ist, dass man nun beichten müsste, wenn man am Sonntag arbeitet, obwohl man nichts in der Bibel findet, dass die Torah ein solches Gebot umfasst hätte und Gott das jemals gewollt hätte, dass man am Sonntag von der Arbeit ruht. Man sieht daran, wie schnell sich das ganze Kirchensystem ad absurdum führt. Die evangelische Kirche hat auch gleich das Wort „Sabbat“ in „Feiertag“

umgewandelt, was genau genommen bedeuten würde, dass man auch die buddhistischen Feiertage beachten müsste oder wenn die „hells angels“ einen Tag zum Feiertag ausrufen, müsste man ihn auch einhalten.

Die Siebententags Adventisten nehmen das vierte Gebot wörtlich und halten es für eine Sünde, wenn man am Sabbat arbeitet. ***90** Sie halten es nicht für eine Sünde, wenn man am Sonntag arbeitet. Das zeigt, dass große Verwirrung in der Christenheit darüber herrscht, was wegen der Torah gelten soll. Warum ist das so? Weil man nicht richtig verstanden hat, was die Torah bedeutet. Man hat mithin Paulus nicht richtig verstanden. Wie das geschehen konnte? Die Antwort dafür steht in 1 Kor 2,11: *„Denn wer von den Menschen weiß, was im Menschen ist, als nur der Geist des Menschen, der in ihm ist? So hat auch niemand erkannt, was in Gott ist, als nur der Geist Gottes.“*

Was die Berechtigung der Wahrnehmung der biblischen Ruhe-und Feiertage im Verhältnis zu jener der traditionellen und traditionell so genannten christlichen Tage betrifft, so gilt immer noch, was bereits Tacitus gesagt haben soll: *„Immerhin kenne jene die Gründe ihres Ritus - der größte Teil des (römischen) Volkes macht dagegen, was es macht, ohne wirklich zu wissen, warum!"* ***91** Die Juden feiern ihre Tage, weil sie von Gott verordnet worden sind. Und die christlichen Völker? Ein Resultat der Judenfeindlichkeit der antiken Christen war auch die Abschaffung der jüdischen Ruhe- und Feiertage und die Ersetzung durch heidnische. Das hatte Kaiser Constantinus 325 angeordnet: *„Nichts wollen wir mit dem feindlichen Volk der Juden gemeinsam haben."* ***92** Er übersah dabei, dass die Juden den gleichen Gott und den gleichen Messias des gleichen Alten Testaments hatten. Und im Alten Testament, dem Teil, den die Juden Torah nennen, stehen die jüdischen Ruhe- und Feiertage. Von einer Ermächtigung, diese Tage abzuschaffen oder andere einzuführen, steht darin nichts. Für den Sabbat, führte man den Sonntag ein, der Tag, an dem der Sonnengott, das war zeitlebens Konstantins Lieblingsgott, verehrt wurde. Christus ernannte man kurzerhand zum Sol invictus, der unbezwingbaren Sonne. Das Passahfest wurde durch Ostern ersetzt, das bei vielen Völkern des Römischen Reiches schon als Frühlingsfest unter der Obhut verschiedener Götter bekannt war. ***93** So wurden jüdische Tage ersetzt durch heidnische und die heidnischen „christianisiert". Der umgekehrte Vorgang, wonach als Ausgangspunkt nicht ein jüdisches Fest genommen wurde, liegt beim Weihnachtsfest vor. Aus den heidnischen Saturnalien, der beliebten und verbreiteten Tammuz- und Mithrasverehrung machte man ein Fest zur Ehre der Geburt Jesu Christi. ***94**

Die Lehre von Paulus in Bezug auf die Torah wird im Galaterbrief klar und deutlich, meint man, entwickelt. Wenn Paulus tatsächlich jüdische Gepflogenheiten hinsichtlich der Torah befolgt und beachtet hat, dann nicht deshalb, weil er selber Jude war, sondern in der Hauptsache deshalb, weil er den Juden ein Jude und den Griechen ein Grieche sein wollte, um alle zu gewinnen. ***95** Paulus wollte jedem auf seiner Verstehens- und Heilsebene begegnen. Würde heute Paulus den Katholiken predigen, würde er ihnen vermutlich vorwerfen, was er den messianischen Juden auch vorhielt: dass sie die Gnade Gottes verschmähten, weil sie durch Werke das Heil zu erwerben gedachten. Den multikultigen Protestanten würde er ins Gewissen reden, dass sie einer Gottes Willen zuwiderlaufenden Sittenverwahrlosung die Wege bereiten würden. Die Adventisten würde er fragen können, warum sie die Sabbatruhe in Christus nicht haben wollten. *„Ihr haltet Tage und Monate und Feste und Jahre. Ich fürchte für euch, dass ich vielleicht vergeblich an euch gearbeitet habe“* (Gal 4,10).

Die Kirchen meinen ebenso wie die damaligen Christusgläubigen, sie müssten die Tradition bewahren. Aus Angst, das Kind mit dem Bade auszuschütten, behielten sie das Schmutzwasser und merkten gar nicht, dass das Kind schon lange ausgestiegen war. Paulus setzt der falschen Tradition die neue entgegen, die das Verständnis gerade rückt, denn das Alte Testament, das man zur Zeit

Jesu als Heilige Schrift kannte, kann man nur verstehen, wenn man auch das Neue Testament versteht, denn das Neu Testament ist die Fortführung des Alten zum Ziel hin, die Aussprache des bisher Unausgesprochenen.

Und deshalb konnte Paulus auch sagen: *„Wenn ihr aber des Christus seid, so seid ihr damit Abrahams Nachkommenschaft [und] nach Verheißung Erben."* (Gal 2,29) Das konnte niemand in den vorigen Jahrhunderten wissen. Dieser Satz kommt ganz ohne den gesetzlichen Teil der Torah aus. Er ist eine Umschreibung der Wahrheit, dass kein Jude sich als Erbe der Verheißung ansehen kann, wenn er nicht den Glauben an Christus hat. Damit ist nicht gesagt, dass ein Jude ohne den Glauben an Christus nicht Anteil hat an einem Erbe Israels, aber die Fülle des Erbes wird er nie antreten können, weil es die nur in Christus gibt. Und auch der Bund Gottes mit Abraham ist nicht der gleiche wie der Sinaibund zwischen Israel und Gott. Abraham war ja kein Jude und kein Israelit. Abraham wird dennoch als Vater des Glaubens, oder besser gesagt als Vater des Treuens betrachtet, denn er war Gott JHWH treu, und hatte eine Einstellung zur Treue mit Gott, wie man sie als Jude oder Nichtjude in Jesus Christus-JHWH auch haben sollte. Zwischen einer Einstellung und einer vollkommenen Treue gibt es ja Unterschiede. Dass Abraham seine Begegnung mit dem auferstandenen Christus noch haben würde, hat er zu seinen irdischen Lebenszeiten nicht gewusst, muss man annehmen. Paulus hätte auch zur Provokation nichtgläubiger Juden und die Torah überbetonender Juden sagen können: *„Nur der ist ein richtiger Jude, der Christus hat."* Denn es war ja JHWH, der Israel zu Seinem Volk ausgewählt hatte und das nicht zu glauben, kann gleichbedeutend sein damit, sich dieser Auserwählung zu verweigern. Dann würde man aber nicht mehr zur Heilsgemeinschaft Israels dazugehören.

Trotzdem war es für Paulus nicht erstrangig, ob jemand Nichtjude oder Jude war, wenn es um die Frage ging, welchen Stand er ohne Christus hatte. Er nennt beide Lager der Ungläubigkeit versklavt und unmündig und muss logischerweise zu diesem Schluss kommen. Entweder man ist in Christus und Erbe der Verheißung oder man ist es nicht und bleibt weiter unter die Sünde versklavt. (Gal 4,1) Unter der Sünde heißt zugleich, auf den Wegen der Weltlichkeit: „*So waren auch wir, als wir unmündig waren, unter die Grundregeln der Welt versklavt.*" (Gal 4,3) Wer die Grundregeln der Welt beherrscht, ist geistlich gesehen immer noch unmündig und versklavt und damit unerlöst. Er steht noch auf der Seite der Verlierer. Er ist bei denen, die zu rennen angefangen haben, jedoch in die falsche Richtung. Die Frage, die man an Paulus richten könnte, lautet, ob man auch noch unmündig ist, wenn man noch an der Torah festhält. Die Frage wäre in jedem Fall zu bejahen, wenn man Christus in irgend einer Weise durch die Torah ersetzt.

Paulus ermahnt die Galater, „*Weil ihr aber Söhne seid, sandte Gott den Geist seines Sohnes in unsere Herzen, der da ruft: Abba, Vater! Also bist du nicht mehr Sklave, sondern Sohn; wenn aber Sohn, so auch Erbe durch Gott.*" (Gal 4,6-7) Würde er das zu Nichtjuden sagen? Er nennt den Vater mit dem hebräischen „Abba". Im Kontext bezieht sich das Sklaventum auf die Torah, ebenfalls ein jüdisches Eigenes, denn Christus hat ja „losgekauft, die unter dem Gesetz waren." (Gal 4,5) Wozu? Um die Sohnschaft zu empfangen! Paulus scheint also so zu denken:

Torah – Versklavung

Christus – Sohnschaft

Er sagt deshalb: „nicht mehr Sklave, sondern Sohn" (Gal 4,8). Aber Paulus nimmt die Nichtjuden mit hinein in seine Ansprache. Es folgt eine ernste Ermahnung und Warnung von Paulus an die Galater. Anscheinend spricht er in Gal 4,8-9 speziell diejenigen an, die Nichtjuden waren: „*Damals jedoch, als ihr Gott nicht kanntet, dientet ihr denen, die von Natur nicht Götter sind; jetzt aber habt ihr Gott erkannt - vielmehr seid ihr von Gott erkannt worden. Wie wendet ihr euch wieder zu den schwachen und armseligen Elementen zurück, denen ihr wieder von neuem dienen wollt?"*

Was sind das für Grundelemente? Paulus zählt Tage und Monate, Fristen und Jahre auf (Gal 4,10). Die heidnischen Religionen in Galatien kannten zum Beispiel die griechischen Götter, darunter auch den Sonnengott Helios, der gleichgesetzt wurde mir dem persischen Mithras, dem eine große Zahl römischer Legionäre huldigte. Und beiden Göttern waren besondere Festtage zugeordnet. Der Sonntag und auch der 25. Dezember (Geburtstag des Mithras) kommen vermutlich aus diesen heidnischen Wurzeln. Es fällt auf, mit welcher Inbrunst beinahe die gesamte Christenheit diese Tage als „christlich" verteidigt. Biblisch lässt sich das nicht begründen. In der Bibel wird nirgendwo der Geburtstag Jesu als Feiertag ausgerufen, noch nicht einmal erfährt man, wann er war.

Für Paulus ist dieser Rückfall ins Kultwesen Anlass zu großer Sorge, obwohl er sich denken konnte, dass der religiöse Mensch ein Ritual braucht, wo er ohne Anstrengung einen Pflichtteil der Religiosität verleben kann, der ihm keine Opfer am Herzen abverlangt: *„Ich fürchte um euch, ob ich nicht etwa vergeblich an euch gearbeitet habe."* (Gal 4,11)

Heutzutage ist für viele von ihrem christlichen Wesen nur noch der sonntägliche Kirchgang und die Feier am 25. Dezember übrig geblieben. Wenn man sich sonst nicht als Christ zu erkennen gibt, dann hierin. Aber eigentlich hierin gerade nicht. Es ist wie eine Ironie des Glaubens, wenn heute in aller Welt von allen Religionen Weihnachten gefeiert wird. Man hat die Wahl das einen versteckten Sieg des Kreuzes sein lässt, obwohl der erst dann sich als solcher auswirkt, wenn jemand zu Jesus Christus gekommen ist. Oder man sieht es genau umgekehrt, die Welt hat das Kreuz für sich vereinnahmt und verramscht es, inhaltsleer, stellt es auf eine Stufe mit der Wahl einer Schönheitskönigin als Nebenprogramm auf einem Jahrmarkt, denn die muss unbedingt beim Test auf ihre Kompetenz sagen können: ich bin für den Weltfrieden. Jesus, nur noch das Symbol für den Weltfrieden, den schon Mohammed und Hitler anstrebten.

JCJCJCJCJCJCJCJCJCJCJCJCJCJCJCJC

Knechte oder Erben

Gal 4,16-17.21.24-29.31; 5,1-6.9.11.14.16.30-31

Paulus hat bemerkt, dass sich die Galater, die ihn ursprünglich freundlich bei sich aufgenommen hatten, gegen ihn gewendet haben. Sie wurden gewendet! *„Bin ich also euer Feind geworden, weil ich euch die Wahrheit sage?"* (Gal 4,16). Die Wahrheit war ja sein Evangelium und dass man in Christus nicht mehr zu dem alten Kultwesen zurückkehren, sich aber auch nicht mit der jüdischen Tradition und Altbündlerischem beladen musste. Und wieder waren andere Verkünder die Ursache dieses Gesinnungswechsels, wie sich aus Gal 4,17 ergibt. *„Sie eifern um euch nicht gut, sondern sie wollen euch ausschließen, damit ihr um sie eifert."* Die Torahprediger wollten keine unbeschnittenen, die Torah nicht beachtende Nichtjuden in ihren Versammlungen. Um in diese Versammlungen zu gelangen, sollten sie diese Voraussetzungen erfüllen. Dass es um die Torah geht, wird ab Gal 4,21 klar.

Dass Paulus mit *„Gesetz“* immer *„Gesetz“* gemeint hat, kann der Ausleger Stern nicht einmal da anerkennen, wo der Text logisch nichts anderes hergibt. In Gal 4,21 fragt Paulus die Galater: *„Saget mir, die ihr unter dem Gesetz sein wollt, höret ihr das Gesetz nicht?“* Dann zählt er auf, was in der Torah geschrieben ist. Es ist also klar, dass in beiden Fällen das Gesetz, die Torah gemeint ist. Es geht um Gemeindemitglieder, die *„unter dem Gesetz“,* hypo nomon, sein wollten, zu denen Paulus sagt, sie sollen dann aber auch auf das hören, was dieses Gesetz, nämlich die Torah, sagt. Stern übersetzt hypo nomon mit „System, das auf der Entstellung der Torah zur Gesetzlichkeit beruht“ ***96** Der Satz von Paulus enthält zwei Mal das Wort Gesetz. Es ist auch logisch, dass jedes Mal das Wort die gleiche Bedeutung hat. Wenn man also anstatt „Gesetz“ das „System der Entstellung der Torah“ setzt, kommt zwangsläufig ein Unsinn bei der Satzbildung heraus: *„Saget mir, die ihr unter dem System der Entstellung der Torah sein wollt, höret ihr das System der Entstellung der Torah nicht?“* Jeder, der einen Brief schreibt, in dem inhaltlich das zum Ausdruck kommen soll, was man mit „Gesetz“ und „Entstellung des Gesetzes“ umschreiben kann, also Inhalte, die entgegengesetzt sind, wird auch die Gegensätzlichkeit sprachlich zum Ausdruck bringen wollen. Es ist daher völlig unwahrscheinlich, dass die Sicht Sterns richtig ist, noch ehe man den Text auf Sinnhaftigkeit analysiert hat. Tut man es, erweist sich erst recht die Haltlosigkeit der Auslegung von Stern.

Wenn Paulus hier Juden angesprochen hat, ist verständlich, dass er sie hier genauso ansprechen musste, wer sich unter das Gesetz stellt, muss es in allem halten, das sagt das Gesetz, man muss nur genau hinhören. Wer sündigt muss sterben. Davon gibt es kein entrinnen. Das Gesetz verurteilt immer wieder aufs Neue.

Waren es Nichtjuden, macht seine Ansprache aber ebenso Sinn. Da gab es Nichtjuden, die die Torah kennen gelernt hatten und die Torahprediger hielten sie an, die Torah so genau wie möglich zu beobachten. Also galt auch für die: ihr müsst immer alle Gebote halten und dann erdet ihr sehen, dass ihr doch immer wieder schuldig werdet. Es gibt kein Entrinnen!

In Gal 4,24 legt Paulus den Galatern die Bedeutung der Torah in einer anderen Variante aus. Er macht Hagar, die Magd Abrahams, zur Stellvertreterin des Bündnisses vom Sinai, mithin der Torah. Paulus redet vom Bündnis „vom Berg Sinai, das in die Sklaverei hineingebiert, das ist Hagar.“ (Gal 4,24) Wieder setzt er das Gewesene mit der Sklaverei gleich!

Hier ist zweierlei zu bemerken. Hagar lebte 5 Jahrhunderte vor dem eigentlichen Bund vom Sinai, den Gott mit Israel geschlossen hat. Bestandteil dieses Sinaibundes war die Torah. Die gab es genauso wenig vorher wie den Sinaibund. Und doch existierte er bereits vom Prinzip her als gedankliche Vorschattung. Und das ergibt sich aus dem zweiten Gedanken von Paulus, denn so wie Hagar nur eine Sklavin, eine zum Dienst Verpflichtete war, wurde auch das Volk Israel am Sinai zu Dienstverpflichteten, und die Torah war die Dienstvorschrift.

Auch Abraham, Isaak und Jakob konnten nur mit Hilfe von Anweisungen Gottes auf JHWH hin Dienst verrichten - Gottesdienst, JHWH-Dienst. Aber erst mit Christus hat dieser Art Dienstverrichtung ein Ende. Das will Paulus verdeutlichen. Er sagt ausdrücklich, dass Hagar und der Berg Sinai dem „heutigen“ Jerusalem des ersten Jahrhunderts entspricht, das *„mit seinen Kindern in Sklaverei“* (Gal 4,25) ist. ***97** Damit sind nicht die Römer gemeint, sondern das Bündnis mit der im Bündnis enthaltenen Torah. In Christus erst ist man frei geworden von diesem Torah-Dienst. Dieses alte Jerusalem als Kultstätte des Alten Bundes stellt Paulus einem ganz anderen Jerusalem gegenüber. *„Das Jerusalem droben aber ist frei“* (Gal 4,26). Das Jerusalem im Himmel ist bewohnt von den Himmelsbürgern. Das ist zunächst einmal nur als Bild des Gegensatzes zu werten. Paulus geht es darum, zu zeigen, dass die Torah nur in einer unvollendeten, unfertigen, Christus bedürftigen Welt ihren Platz hat und dass man um diese Dinge wissen muss, damit man sich nach dem viel Besseren ausstreckt.

Man soll anstatt christusbedürftig zu sein

christuserfüllt werden.

Paulus setzt nun sehr gewagt und provozierend die zunächst unfruchtbare Sarah mit den nicht von der Torah belasteten Christusgläubigen gleich: *„Freue dich, du Unfruchtbare, die du nicht gebierst! Brich in Jubel aus und rufe laut, die du keine Geburtswehen erleidest! Denn viele sind die Kinder der Einsamen, mehr als die derjenigen, die den Mann hat."* (Gal 4,27) Warum soll sie sich freuen? Weil sie keine Geburtswehen hat. Die Neugeburt bzw. Neuwerdung durch den Geist Christi ist im Vergleich zum Fluch der Torah ein leichtes Joch (auch wenn es nicht immer als leicht empfunden wird), denn:

Der Weg in den Himmel geht nur über Jesus.

Es gibt diesen Weg kürzer oder länger.

Der längere ist der beschwerlichere!

Die Wahrheit ist manchmal sehr einfach und doch selten entdeckt! Paulus will ja eigentlich den Galatern gut zureden: *„Ihr aber, Brüder, seid wie Isaak, Kinder der Verheißung."* (Gal 4,28) Sie sollen nicht zu den Fleischlichen gehören: *„Aber so wie damals der nach dem Fleisch Geborene den nach dem Geist Geborenen verfolgte, so ist es auch jetzt."* (Gal 4,29) Das ist ein Seitenhieb auf die Juden und wohl auch messianischen Juden, sofern es sich um solche handelt, die gegen ihn angehen. Der nach dem Fleisch Geborene war Ismael, der nach dem Geist Geborene Isaak war der Träger der Verheißung, die von Abraham bis Jesus reicht. *„So ist es auch jetzt“* bezieht Paulus nicht gerade um Ökumene bemüht auf die Ismael-Linie, die er mit den Toraheiferen gleichsetzt, die sich ja auch bekanntlich auf die fleischliche Nachkommenschaft von Abraham berufen. Seine Anhänger hätte Paulus als Isaak-Linie bezeichnet.

Manchmal sind Worte Gottes, die sich zunächst nicht wie eine Prophezeiung lesen, doch auch von einer bemerkenswerten Aktualität. Die Araber halten sich ja für Nachkommen Ismaels. Und tatsächlich sind sie die großen Verfolger der fleischlichen Nachkommen Isaaks seit 1948 bis zum heutigen Tag. Sie begründen das aus ihrer eigenen „Zielgebung“, wie man die Torah übersetzen könnten. Diese islamische Gebotesammlung, die sich aus Versen des Korans und der Hadithe, den Aussprüchen Mohammeds, zusammensetzt, gebietet auch das Töten von Juden.

Paulus geht es aber um die Kennzeichnung der Toraheiferer, die auf Kosten eines Treuens in Jesus das Evangelium verfälschen, als solche, die draußen sind. Draußen von was? Draußen vom Königreich? Nein, draußen von Jesus Christus:

Die Torah berichtet von Sarah und ihrer Magd und deren Söhne. Paulus nimmt in Gal 4,22ff darauf Bezug, um zu verdeutlichen, dass es schon immer den Unterschied zwischen Gesetzlichkeit und Verheißung gab. Er ordnet die Segenslinie Isaaks über Jakob erstaunlicherweise nicht dem Sinaibund, den ja die Nachfahren Isaaks erfahren haben, unter, sondern der Linie Hagar- Ismael. Paulus argumentiert so, Hagar war die Sklavin und auch war ihr Sohn der Erstgeborene, der nach dem Gesetz der Erbe zu sein hätte. Sarah aber hatte die Verheißung und sie war die freie. Die Verheißung gilt also nicht dem Gesetz, sondern der

Freiheit. Dies kann man alles als Gegensatz von Freiheit und Gesetzlichkeit verstehen. Aber weil Paulus seine Ausführungen dazu damit anfängt, dass er ausdrücklich diejenigen anspricht, *„die ihr unter der Torah sein wollt, höret ihr die Torah nicht?“* (Gal 4,21) hat er einen Gegensatz zwischen Torah und Freiheit hergestellt. Und er wird noch deutlicher: *„Aber so wie damals der nach dem Fleische Geborene den nach dem Geiste Geborenen verfolgte, also auch jetzt.“* (Gal 4,29) Wer waren die nach dem Fleisch Geborenen? Für Paulus die Juden, die in die Gemeinden gingen, um ihnen zu sagen, dass sie die Torah halten mussten. Nach dem Fleisch geboren heißen sie deshalb, weil sie Nachkommen Israels sind. Sie heißen aber auch deshalb so, weil Paulus die bloße Gesetzlichkeit als Fleischesdienst ansieht. Wer den Geist Christi in sich hat, ob Jude oder Nichtjude, ist dagegen nach dem Geiste geboren. Paulus vergleicht also die Juden, die sich gegen seine Lehre von der Freiheit von der Torah richteten, mit der Hagar, die keine Verheißung wie Sarah hatte.

Paulus stellt klar: *„Was sagt die Schrift? Stoße hinaus die Magd und ihren Sohn!“* (Gal 4,30) Die Galater sollen also gar nicht diese Leute, die sie zu Juden machen wollen, bei sich dulden. Und er stellt fest, dass sie dann auch nicht Kinder der Magd sind, *„sondern der Freien!“* (Gal 4,31) Im nächsten Vers schließt Paulus den Kreis zu Christus: *„Für die Freiheit hat Christus uns freigemacht.“* (Gal 5,1) und er ruft die Galater dazu auf, sich nicht wieder unter das *„Joch der Knechtschaft“* bringen zu lassen, womit er die Torah meint, die ja nach Meinung der Juden das Gesetz der Galater sein sollte.

Dass Paulus die Torah meint, wird aus den nachfolgenden Ausführungen in Gal 5,2ff klar. So sagt Paulus, wenn sich einer beschneiden lässt, weil er meint, dass er Jude sein muss, wenn er gerettet werden will, dann ist *„er das ganze Gesetz zu tun schuldig“* (Gal 5,3). Setzt man hier anstelle von *„Gesetz“ den „Missbrauch des Gesetzes“* ergibt sich nichts Sinnvolles. Dies ist eine von etlichen Stellen, wo unwidersprüchlich klar wird, dass Paulus die Torah meint und nicht eine Abwandlung davon, wenn er von der Torah spricht.

„Ihr seid abgetrennt von dem Christus, so viele ihr im Gesetz gerechtfertigt werdet, ihr seid aus der Gnade gefallen!“ (Gal 5,4) Das ist ein schwerwiegender Vorwurf. Es ist nicht gesagt, dass Paulus hier nur an nicht an Jesus Gläubige denkt. Aus der Gnade fallen, kann man nur, wenn man schon drin ist. Es handelt sich also offenbar um Leute, die an Jesus Christus als Messias und Erlöser glauben, aber die der Torah zu viel Ehre geben. Die Folge davon ist, dass man von Jesus abgetrennt ist. Ob man je an Ihm dran war, ist eine andere Frage.

Paulus hat in seiner Darstellung zu Gal 4,30 ff die Rollen vertauscht. Isaak ist ja der Vorfahre des Israel nach dem Fleisch, nicht Ismael. Sein Umgang mit Gottes Wort wurde sicherlich von seinen Gegnern im Geiste kritisiert. Aber ihm geht es ums Prinzip, nicht um exakte Analogien. Paulus fordert hier indirekt, dass die Galater die Toraheiferer von sich weisen, wie Abraham die Magd mit ihrem Sohn verstoßen hat. Das war per se eine ungehörige Sache und moralisch fragwürdig. Aber immer, wenn Gott jemand zurückstellt, nimmt Er sich ihm später umso gnadenreicher an. Das erleben Christen in ihrer persönlichen Heilsgeschichte auch. Und auch Paulus spricht an anderer Stelle sehr deutlich davon, dass ganz Israel, also auch diese Toraheiferer, die er hier so hart angeht, das Ziel erreichen werden. Das gilt auch für die Nachfahren Ismaels. Rechte Stunde ist immer Gottesstunde, rechte Zeit ist immer Gotteszeit.

„Daher, Brüder, sind wir nicht Kinder einer Magd, sondern der Freien.“ (Gal 4,31) Mit *„frei“*, meint Paulus nicht frei von der Torah, sondern frei in Christus.

Christen dürfen das, was sie sind - Angehörige Christi - ausleben. Sie dürfen das, was sie sollen oder meinen zu sollen, und das, was sie meinen sein zu sollen und sein zu wollen, beiseite lassen. Wer sein „In-Christus-Sein" auslebt, tut genug. Mehr braucht es nicht. ***98**

Paulus lehrt nicht ein sündloses Leben der Christusnachfolger, sondern die Möglichkeit eines Lebens, ohne der Herrschaft der Sünde unterworfen zu sein. Und das bedeutet, das in jeder Beziehung, da wo vorher die Sündhaftigkeit geherrscht hat, ein Sieg und ein Überwinden möglich ist. Das ist aber abhängig von der Geistesgabe Christi, denn es kann ja nur der Christus die Sünde überwinden, so wie Er vorher schon alle Sündenschuld weggenommen hat.

Christus ist der Sündenbefreier und Überwinder. Der allumfassende Sieg Jesu über die Sünde, ist also auch im Lebenswandel erfahrbar, wenn auch da Jesus am Werk ist. ***99**

Man muss Jesus machen lassen!

Der Gläubige stellt sich dabei aber als Wissender und Erwartender unter die Gnade Gottes. Unter dem Gesetz gelingt ihm die Überwindung der Sünde nicht. Es macht ihm die Aussichtslosigkeit seiner Bemühungen immer mehr bewusst. Er ist wie ein Sisyphos der Tugend. Sobald er die Ehrbarkeit über die Hindernisse auf den Hügel der Wohlgefälligkeit gewichtet hat, rollt sie ihm wieder hinunter in den Schmutz und Staub ganz unten, wo man nichts Schönes, nichts Erhabenes mehr erkennen kann.

Sarah ist in der Bibel die besonders Begnadete gegenüber der Magd Hagar. Und wenn man ihren Werdegang mit dem der Hagar vergleicht, kommt man mit Leichtigkeit zu dem Ergebnis, dass sie es in keiner Weise verdient hat. Sie ist die Gnadenlose, die dann auch noch von Gott besonders mit Gnade bedacht wird. Gottes Wahl trifft zuerst oft die, die es früher nötig haben als andere. Das setzt sich in der Gnadenlinie Sarah-Abraham fort bis auf Israel, dem Volk Gottes.

Während Gott vorher nur einzelne ausgewählt hat, mit denen Er Geschichte gemacht hat, nimmt Er sich ein Volk.

Es ist klar, dass jeder Widersacher Gottes in diesem Zusammenhang nur als Feind Israels gedacht werden kann und gerne die Verhältnisse umkehren würde. Das geschah historisch zwei Mal. Einmal durch die christlichen Kirchen, die sich anstelle von Israel als Volk Gottes bezeichnen und zugleich behaupten, dass Gott mit Israel fertig sei. Dabei stören sie die unübersehbare Übereinstimmung welthistorischer Ereignisse, die zur Rückkehr der Juden in ihren neu geschaffenen Staat führen, mit biblischen Prophezeiungen nicht. Die Kirchenchristen verfolgten die Juden und brachten Millionen um. Das andere Mal geschah es durch den Islam, wonach die Araber nun das auserwählte Volk Gottes sein sollen und die Juden zu vernichten seien. ***100** Auch ihnen gelang es nicht.

Paulus geht es hier nicht um die besondere Stellung Israels als rechtmäßige Nachfahren Abrahams. Er will ja seine Volksgenossen für den Glauben Jesu Christi gewinnen. Indem er ihnen sagt, dass die Verheißungslinie schon immer über Abraham eine Gnaden- und Glaubenslinie war, müssten sie doch erkennen, dass ihr Festhalten an der Torah niemals geeignet sein konnte, zu ihrem Heil einen Beitrag zu leisten, solange es nicht auf das richtige Ziel ausgerichtet war.

Paulus erlaubt sich sogar einen Seitenhieb auf das zur Zeit der Abfassung des Briefes unter römischer Herrschaft stehende Jerusalem. Das mochte seinen Tempel haben und damit das Zentrum der Welt für die Juden. Die Verheißung zielte aber auf eine freie Stadt, nämlich *„Das Jerusalem droben aber ist frei: das ist unser aller Mutter."* (Gal 4,26)

Ein weiterer Seitenhieb gilt den Juden, die ihn wegen seiner Lehre verfolgten. Er klassifiziert sie als der Hagar, nämlich dem Fleische nach Gezeugten, zugehörig (Gal 4,28), *sich selber als vom Geist gezeugter und sagt damit zugleich,*

„wer mit mir das auch so sieht, steht in der Glaubensnachfolge Abrahams“. Und auch bei Hagar ist es keine Frage. Sie mag das, was ihre Aufgabe war, viel besser erfasst und verfolgt haben und bekommt dafür ihre eigene Segenslinie. Darauf geht Paulus jedoch nicht ein. Seine Aufgabe besteht darin, den Torahglauben in die Schranken zu weisen und die Torahabhängigkeit abzulehnen. Er ist von Gott zum Widersacher des traditionellen Judentums gemacht. Das wollte Paulus nicht, aber er hatte zu tun, was er tun musste, nachdem er Christus gefragt hatte: Was willst du, das ich tue?

Paulus sagt, Freiheit und Heil gibt es nur in Christus, Sklaverei gibt es für diejenigen, welche diese Freiheit nicht zulassen. Er betrachtet die Torah als Mittel zum Zweck. Zu welchem Zweck die Torah verwendet wird, bestimmt der Verwender. Zu dem Zweck Christus näher zu kommen, ist der einzige richtige Zweck. Das weiß man seit Golgatha, wenn auch in der Rückschau, denn auch Paulus ist ein Rückschauender, der aber seine Rückschau von Jesus Christus persönlich besorgt bekam. Alles andere als die Torah wie einen Kompass auf hoher See bei stürmischem Wetter zu benutzen, wenn man sonst keine Orientierung hat, ist nicht zeitgemäß, sondern verfehlt und führt zu zweckwidriger Verwendung. Wer das nicht beachtet, kann die Torah zwangsläufig nur zu seiner eigenen Versklavung anwenden. *„Darum Brüder, sind wir nicht Kinder [der] Magd, sondern der Freien.“* (Gal 4,31)

Auf heutige Verhältnisse angewandt, kann man zu dem Schluss kommen, dass folgende Glaubensgruppen befürchten müssten, von Paulus in einer Analogie als Zurückgesetzte, nicht zu den Kindern der Verheißung, sondern zu den Kindern der Magd zugehörige bezeichnet zu werden:

1. Die nicht messianischen Juden.
2. Die messianischen Juden, insoweit sie die Befolgung der Torah als heilsnotwendig verstehen.

3. Die Katholiken, da sie ihre eigene Kirchentorah geschaffen haben, die neben Christus verbindlich für die Heilserlangung ist.
4. Die Protestanten, Pfingstler, Freikirchler und andere Kirchen, insoweit für sie das gleiche gesagt werden kann, wie unter 3.

   Im Weitesten Sinne könnte man auch noch hinzufügen:
5. Alle anderen Religionen, die der Ausübung bestimmter Handlungen eine heilsnotwendige Wirkung zumessen, dazu gehören Islam, Hinduismus, Buddhismus usw.

An die Letztgenannten ist aber deshalb eher nicht zu denken, weil von ihnen keiner eine Aussicht hat, ins Reich Gottes zu kommen. Paulus selbst hat nur an Vertreter der ersten beiden Gruppen gedacht.

Bei all diesen Gruppierungen bestehen Unfreiheiten aus dem einfachen, leicht nachvollziehbaren Grund, weil sie Abhängigkeiten und Gebundenheiten institutionalisiert haben, die sie von der Freiheit in Christus trennen. Jesus sagt an einer Stelle, dass Gott *„im Anfang den Menschen geschaffen hat"* und zwar *„als Mann und Frau"*. (Mt 19,4) Eine Kirche, die also glaubt, dass sich der Mensch aus Affenähnlichen entwickelt hat, unterstellt Jesus, damit Gott, einen Irrtum und nimmt ihm die Ehre. Nicht Gott, sondern Satan ist ein Lügner. Damit ist man nicht eins mit Christus und muss zwangsläufig mit etwas Anderem verbunden sein. Was nicht Christus ist, ist anti-christlich. Ein milderes Urteil ist nicht möglich. Damit ist nicht gesagt, dass diese Kirchen nicht Segnungen erfahren könnten, denn auch nichtchristliche Menschen erfahren zahlreiche Segnungen.

Diese Gruppierungen gab es aber damals nicht. Die Gegner von Paulus waren vornehmlich Juden, denn die Christen standen ihnen nahe und die christlichen Gemeinden setzten sich zu einem guten Teil aus Juden zusammen. ***101** Aber nicht die orthodoxen Juden versuchten die Gemeinden gegen Paulus aufzubringen oder sie zumindest gegen seine Lehren einzustellen, sondern messianische Juden. Paulus wehrt ihr Begehren ab, denn er weiß sich mit Christus in der einzig richtigen Position. *„Siehe, ich Paulus, sage euch: Wenn ihr euch beschneiden lasst, wird Christus euch nichts nützen."* (Gal 5,2) Und er wiederholt das, mit dem Zusatz, dass jeder, der sich beschneiden lässt, sich verpflichtet, die ganze Torah einzuhalten. Eine Aussage, die beide, orthodoxe Juden und messianische Juden angreifen musste, denn auch ein messianischer Jude war ein Jude, der die Torah beachtete und zudem sagen konnte, dass Jesus selber gesagt hatte, dass kein Tüpfelchen der Torah aufgehoben würde. Das war allerdings ein Satz, der damals häufig gebraucht und missbraucht wurde. Schon damals verstanden die meisten die heilsgeschichtlichen Abläufe nicht.

Manche Ausleger betrachten den Galaterbrief als den Brief von der Vernichtung der Torah. Jedoch belegen sie damit nur, dass sie die Heilsgeschichte Gottes mit Seinem Volk Israel nicht verstanden haben. Tatsächlich hat es den Anschein, dass Paulus nicht müde wird, die Torah klein zu reden. Aber das tut er nur, wenn er sie neben Jesus Christus stellt. Da wird sie ganz klein.

Neben Christus wird die Torah ganz klein.

Die Torah ist wie ein Schemel, den man benutzt, um zu einem Fenster hinauszuschauen, durch das man einen Blick hat auf eine wunderbare Aussicht. Den Schemel braucht man nicht mehr, wenn man erwachsen ist. Viele Juden meinen, sie müssen die Torah als ihren Thronsessel benutzen. Und viele Christen meinen, sie müssen auf einem eigenen Stuhl, den sie gezimmert haben, sitzen bleiben. Wenn die Entrückungs-Posaune erschallt, bleiben sie dann auch noch sitzen?

Für Paulus ist klar, erst in Christus gibt es Freiheit von Gebundenheiten, ebenso wie von Vorschriften: *„Für die Freiheit hat Christus uns frei gemacht. Steht nun fest und lasst euch nicht wieder durch ein Joch der Sklaverei belasten!“* (Gal 5,1) Sklaverei ist alles, was einen Dienst verlangt, der gegen Christus gerichtet ist, selbst wenn man meint, dass er nicht gegen Christus gerichtet ist. Die Sklaverei wird auch nicht unbedingt erträglicher, wenn man die Torah benutzt, denn genau das taten ja auch die Richter und Henker Jesu. In der Hand des Menschen wird die Torah zum Tötungsinstrument, wenn sie so aufgefasst werden soll, wie es die Gegner von Paulus verlangten. Auf sie bezieht sich Paulus, weil sie die Beschneidung als Vorrausetzung betrachteten, zum Volk der Auswahl Gottes dazu zu gehören (Gal 5,2-3).

Angesichts dessen, was Paulus in Gal 5,4 sagt, sollte man sich sehr gut überlegen, ob man sich in der Glaubenspraxis eine Überbetonung der Torah leisten kann. ***102** Eine solche Überbetonung liegt vor, wenn die Torah oder irgendwelche kirchliche Vorschriften anstatt Christus beachtet werden. Der Heilsbereich von Christus ist unantastbar. Paulus warnt: *„Ihr seid [des Segens] enthoben und von Christus [abgetrennt], die ihr durch [das] Gesetz gerechtfertigt werden [wollt]: ihr seid aus der Gnade gefallen.“* (Gal 5,4)

Wenn Paulus von der Beschneidung ohne weiteres zur Torah kommt, zeigt das, dass die Begriffe deshalb austauschbar waren, weil seine jüdischen Gegner hier nicht unterschieden haben. Der Bund mit Abraham war für sie gleichbedeutend mit dem Bund vom Sinai und galt Israel. Paulus lässt das so nicht gelten.

Paulus lässt nur eine „Sklaverei“ zu, wobei er hier nur einen Liebesdienst meint. Christus dienen und in Liebe mit Ihm verbunden zu sein ist eines. Wenn es stimmt, dass in Christus Jesus weder Beschneidung noch Unbeschnittensein irgendeine Kraft hat, *„sondern der durch Liebe wirksame Glaube“* (Gal 5,6, besser zu übersetzen mit: *die durch Liebe wirksame Treue*), setzt das den rechten Glauben voraus, dem entspricht die rechte Stellung zu Jesus. Das bedeutet, dass nach Paulus kein nicht in Christus gegründetes Werk, keine Vorschrift, keine Maßgabe ein wirksamer Glaube sein kann und jede Liebe, die geübt wird, wenn sie nicht vom rechten Glauben kommt, letztlich nichts nützt für eben diese rettende und heilsame Beziehung zum Heiland. Zum rechten Glauben gehört die rechte Liebe, die auf diesem Glauben gründet. Es ist ja die Liebe Christi wie es der Glaube Christi ist. Oder anders gesagt, nur in Christus, nur in seinem Geiste, kann auch richtig geliebt werden. Die höchste Form der Liebe ist die Liebe aus der Verbundenheit mit Christus. Mehr geht nicht für einen Menschen. Hierzu kann die Torah nur eine Vorarbeit leisten. Deshalb konnte Paulus mit Jesus sagen, in einem erfüllt sich das Gesetz: *„Du sollst deinen Nächsten lieben wie dich selbst!“* (Gal 5,14)

Der Sauerteig, der diese Lehre nicht zulassen will, wird von den jüdischen Paulusgegnern ausgegeben (Gal 5,9). Paulus stellt die Beschneidung dem Kreuz Christi gegenüber (Gal 5,11). Genauer gesagt, ist es das Ärgernisses des Kreuzes Christi, dass die Beschneidungsbefürworter nicht tragen wollen. Wer das Kreuz Christi ganz tragen will, bekommt einerseits die ganze Freiheit in Christus, aber andererseits auch durch die Frommen der Religionen die Verfolgung, die auch Christus schon zu spüren bekommen hatte.

Der Ärger der Frommen besteht offenbar darin, nichts mehr von ihren Gerechtigkeits- und Selbstbehauptungsbemühungen beitragen zu dürfen. Er besteht außerdem darin, nicht zugeben zu können, dass das hässliche Sterben am Kreuz für sie selber gelten soll, weil sie dieses hässliche Sterben nicht ganz für sich haben wollen. Jesus musste deshalb gekreuzigt werden, weil es die Sterbensart ist, die den Menschen am meisten reduziert. Atem um Atem, Schmerz um Schmerz, bis der letzte Tropfen Leben ausgewrungen ist.

Das Kreuz von Golgatha reduziert den Menschen auf einen,

der nur noch ausrufen kann,

dass sich Gott ihm zuwenden möchte.

Ein Gekreuzigter kann nichts mehr behalten, er verliert alles, seine Gestalt, sein Selbstbewusstsein, seine Schönheit, seine Bildung, seine Klugheit, seine guten Absichten, sein frommes Gehabe, sogar seine Würde. Er ist nackt und bloß, das Innere ist nach außen gekehrt und das Äußere entstellt. Gekreuzigte waren ein abstoßender, grauenerregender Anblick. Ertragen kann diesen Anblick nur jemand, der selber schon mit Christus am Kreuz hängt, einer, der begriffen hat, dass er selber das Ärgernis gewesen ist und jetzt doch zu einem wunderbaren Glied am Leibe des auferstandenen Christus geworden ist. Er hat es aber Christus machen lassen, er hat sich selber aufgegeben, damit Christus übernehmen kann. Und erst dann darf der Blick weitergehen, vom Kreuz weg zum Auferstandenen. Der Blick aufs Kreuz ist vorausschauend.

Für Paulus bedeutet ein Wandel im Fleisch die Torahzugehörigkeit, obwohl doch die Torah gerade das verhindern sollte (Gal 5,16). *„Ich sage aber: Wandelt im Geist, und ihr werdet die Begierde des Fleisches nicht erfüllen.“*

Es gab zu allen Zeiten Kritiker der Lehre von Paulus, die nicht verstanden haben, dass jemand, der den rechten Glauben hat, gar nicht sündigen will, auch wenn ihm gesagt wird, dass er in allem frei ist. **Vgl. Johannes Schoon-Janssen, „Umstrittene "Apologien" in den Paulusbriefen“, S. 91ff, 1991.**

JCJCJCJCJCJCJCJCJCJCJCJCJCJCJCJCJCJC

Die Frucht des Geistes

Gal 5,16.18-26; Gal 6,2.4.7

Freiheit bedeutet ja immer das In-Christus-sein. Gal 5,16 gibt die gleiche Erklärung, wer nämlich im Geist Christi ist, der wird nicht sündigen. Nicht nur „vielleicht nicht“, sondern ganz bestimmt. Aber das kann man anscheinend nur verstehen, wenn man bereits im Geist Christi ist. Es kann für ein Glied am Leibe Christi nur darum gehen, den engen Leibeskontakt mit dem Haupt Christus herzustellen. Dann versteht er das Wesen und Handeln Gottes auch immer besser und manche unverständlichen Ereignisse der Bibel, ebenso wie aus der eigenen Lebensgeschichte bekommen auf einmal einen Sinn.

„Wenn ihr aber durch den Geist geleitet werdet, seid ihr nicht unter dem Gesetz.“ (Gal 5,18) Unter dem Gesetz, der Torah oder irgendwelchen Kirchenvorschriften, zu sein, wäre ein geistlicher Rückschritt und eine Achtlosigkeit gegenüber dem Geist, der von den toten Buchstaben, besser gesagt, dem toten Buchstabenglauben, lösen will. Das kann aber nur gelingen, wenn man den Geist bereits hat. Paulus scheint das hier vorauszusetzen. Er meint das vermutlich aber nur lehrmäßig und dialektisch. Wer den Geist Christi nicht hat, ist nicht Seines Leibes. Er soll dann Gebote halten und in Erkenntnis wachsen und auf das Kommen ins Reich Gottes hinarbeiten. Da gibt es ja immer zu wenige Arbeiter.

Es folgt noch in Gal 5,19-21 eine Litanei an Sünden, die man in diesem Geiste Christi nicht begeht, sehr wohl aber, wenn man im Fleische ist. Man kann daraus folgern, solange man sich der Torah zugehörig sieht, bricht man sie auch in genau den Dingen, die sie verbietet. Nur in Christus ist man frei von dem Fluch, der im Fleisch wirkt, „sündigen zu müssen“.

Und alle, die das tun, werden keinen Anteil an *„der Königsherrschaft Gottes erhalten“* (Gal 5,21). Und es ist folgerichtig, dass die Früchte des Geistes nicht etwas sind, gegen den es eine göttlich sanktionierte Vorschrift gäbe (Gal 5,22-23).

„Die Frucht des Geistes aber ist: Liebe, Freude, Friede, Langmut, Freundlichkeit, Güte, Treue, Sanftmut, Keuschheit.“ Diese Früchte verdienen immer wieder genannt zu werden. Es ist geradezu unvermeidlich, dass diese Früchte, wenn auch mit unterschiedlicher Ausprägung, an jedem Glied am Leibe Christi sichtbar wird – und das ganz ohne das verkrampfte Festhalten an der Torah oder irgendwelchen Ersatzgeboten, denn der Geist Christi wirkt diese Früchte. Sie müssen aber heranwachsen. Es ist auch unvermeidlich, so scheint es, dass einzelne Früchte ziemlich lange auf sich warten lassen, bis sie heranreifen. Gott geht weise und behutsam vor, nie fordernd oder zwingend, sondern schenkend und lenkend investiert er in das Projekt, immer mehr von sich in einem Menschen anzulegen.

Die Liebe steht hier zurecht an erster Stelle. Es ist nur ein vermeintlicher Widerspruch, dass einer eine sehr große und tiefe Liebe für andere Menschen haben kann, aber oft als unfreundlich empfunden wird. Aber auch das wird Gott offenbar machen. Wer Liebe hat, vermag auch andere Wesenszüge Christi anzuziehen. Wer Liebe nicht hat, tut sich auch mit allem anderen schwer. Ein anderer mag friedlich und langmütig sein, aber Dingen zugeneigt sein, von denen Gott will, dass er sich davon enthält. Eine lebendige Beziehung zu Christus befreit nicht immer sofort von einer Abhängigkeit, aber Christi Geist wird auch hier hörbar werden.

Erstaunlich ist auch, dass Christen oft einen beklagenswerten und auffälligen Mangel an Güte haben. Das kommt wohl daher, dass Güte Geld kosten kann und nirgendwo hängt der Mensch stärker in der Welt als durch den Geldsack. Ohne Geld und materiellen Gütern gilt der Mensch nichts. Leider wird aus einem Geldsack auf wundersame Weise leicht ein Drecksack. Und so kann der Mangel an Güte und Freigiebigkeit auch für Christen, ein großes Laster sein. Geld, an dem das Herz hängt, ist die Währung Satans. ***103**

Es gibt aber in der Aufzählung von Paulus zwei Begriffe, die oft missverstanden werden. Da Heiligung und Fruchttragen durch den Geist zueinander in dem Verhältnis stehen wie die Leitungsbahnen einer Pflanze zu ihrem Fruchtstand, kann es nicht zu einer Ausbildung des heiligen Wesens Christi kommen, wenn die rechte Zufuhr unterbleibt.

Der eine Begriff ist die Sanftmut. Wenn man sich von jemand auch auf die andere Backe schlagen lässt, dann gewiss nicht, um sich unter das Diktat des Unrechts zu stellen, sondern um eine Stärke zu demonstrieren, die erstens darin besteht, dass man den anderen ernst nimmt und ihm anbietet, ihm entgegen zu kommen, soweit das vernünftigerweise machbar ist. Das ist der ständig abrufbare Versöhnungswille. Und zweitens verdeutlicht sie, dass man durch das Unrecht nicht wirklich aus dem Gleichgewicht zu bringen ist und souverän bleibt. *„Schlägst du mich, so nehme zur Kenntnis, dass ich kein Schläger bin und ich lieber uns beide auf einer anderen Ebene begegnen lassen möchte!“* Das ist Sanftmut, die sich im Falle von weniger aggressiven Gegenübern noch ungestörter öffnen kann. Es ist der Mut sanft zu sein, wo andere Härte für richtiger halten würden. Jesus sagte über sich, dass er von Herzen sanftmütig ist. ***104**
Wer einen starken Gegner durch Sanftmut zum Umlenken bringt, hat keine Schwäche gezeigt, sondern eine Milde, die durch Stärke überzeugt. Wer sanftmütig ist, ist aber so weise, dass er jederzeit bereit ist, die Milde auszusetzen, wenn der Gegenüber unempfänglich bleibt. ***105**

Ebenso wird von vielen Christen die „Treue“ missverstanden. Treue ist das unbedingte Beibehalten des Guten und das unbedingte Abweisen des Unguten, wobei aus dem Abweisen ein Weg-weisen werden sollte. Treue bedeutet nicht Festhalten am Unguten, weil das gleichzeitige Untreuen durch das Vernachlässigen des Guten dann immer gegeben ist und schwerer ins Gewicht fällt. Man ist einem Menschen gegenüber treu, wenn man das gemeinsame Gut, das man hat, beibehält. Dabei ist aber zu beachten, dass „das Gut“ von „gut“ kommt. Es gibt Güter, die von Menschen so bezeichnet werden, es aber nicht sind. Man ist Gott gegenüber treu, wenn man die Beziehung zu Ihm nicht nur aufrecht erhält, sondern immer verbessern will, denn das entspricht dem Heilswillen Gottes. Wer treu ist, hat einen ständigen Heilswillen und die ständige Bereitschaft, sich heilen zu lassen. Treu sein bedeutet, sich von Gott in einen unaufhörlichen Heilsprozess nehmen zu lassen. Der Heilsprozess ist ein Wachstumsprozess.

Auch hier wieder gilt, mit Liebe geht alles leichter. Ein menschlicher Bräutigam ist einer Braut treu, solange er sie liebt. Liebt er sie nicht mehr, gehen seine Gedanken auf Wanderschaft und die Treue geht ihre eigenen Wege. So ist es bei Menschen. Deshalb gilt:

Die Treue darf nie die Liebe loslassen und die Liebe niemals die Treue.

Der Bräutigam Christus, der zugleich das Haupt der Gemeinde Christi ist, bleibt treu und bleibt der liebende Bräutigam seiner Braut. Schon im Alten Testament heißt es, dass Gott JHWH treu ist, auch wenn Seine Braut Israel Ihm nicht treu sein wird. Wenn man durch den Geist Christi von dieser Treuherzigkeit Gottes bekommt, wird man auch andere Menschen zur Seite stehen können, unabhängig davon, ob sie es „verdient“ haben oder nicht.

Der Treuebegriff wird von Christen meist zu eng gefasst, wo man ihn weiter fassen muss und umgekehrt. Ein Mann, der für seine Familie nicht sorgt, ist treulos, da er ja das für die Familie maßgebliche Gut vernachlässigt. Eine Frau, die einen gewalttätigen Mann verlässt, wird nicht treulos, sondern er ist vorher schon treulos geworden. Sie muss aber dem Guten treu bleiben, das sie unabhängig von ihrem Mann hat. Leider lehren Kirchenleute oft genau das Gegenteil von dem, was wahr ist. Untertanengeist, Sklaventum, Nibelungentreue, Ehezwang und ähnliche vermeintliche Treueverhältnisse, die von Menschen aufrechterhalten werden, damit der Schwächere im Dienst des Stärkeren und der Gerechte im Dienst des Ungerechten stehen, sind unchristlich, weil sie keine Unterscheidung vornehmen von gut und ungut im Sinne Gottes. Wer sich die Unterscheidung nicht zutraut, die der Geist Christi zutreffend vornimmt, soll keine falschen Lehren verbreiten.

All diese Früchte des Geistes Christi sind heilsgeschichtlich von großer Bedeutung, da die Glieder am Leibe Christi an Gnade und Erkenntnis wachsen sollen.

Wer Christus angehört, der kreuzigt sein Fleisch und damit nicht nur das unchristliche Wesen, das den fleischlichen und weltlichen Begierden entgegengesetzt ist. Für Paulus gehörte auch das gesetzliche Denken und Wollen wie es die Toraheiferer zum Vorschein brachten, dazu. Gott will ja das ganze Herz des Menschen. Wem die Torah auf dem Weg zur vollen Anerkennung des Kreuzes im Wege war, sollte sie gleich mit ans Kreuz nehmen. Das Gleiche ist über alle Gesetzeswerke und Christus-Substitute zu sagen. ***106** Man kann nur einen Herrn haben und nur einen Schatz.

Klar ist, dass die Torah und jedes vernünftige Menschenwerk nicht gegen die Früchte des Geistes Christi gerichtet sind (Gal 5,23). Es ist immer der Mensch, der entscheidet, was für einen Stellenwert er einer Sache gibt. Was meint aber

Paulus, wenn er sagt: *„Die aber dem Christus Jesus angehören, haben das Fleisch samt den Leidenschaften und Begierden gekreuzigt."* (Gal 5,24) Zuerst will Paulus damit sagen, dass jemand, der im Geiste Christi wandelt, aus genau dem Grund, von den Fleischeswerken Abstand hält. Aber in der Aussage steckt noch mehr. Wenn man die Fleischeswerke und Begierden ans Kreuz bringt, kann man das nur getan haben, weil man solche Werke und Begierden hatte. Paulus sagt also nicht, dass diejenigen, die Christus angehören, diese Dinge nicht von sich selbst kennen. Ganz im Gegenteil, denn jeder Mensch hat etwas von diesen Fleischeswerken und Begierden und wohl dem, der davon weiß. Sie ans Kreuz tragen bedeutet nämlich zweierlei. Erstens hat Jesus dafür den Sündenerlass am Kreuz bewirkt und jeder, der seine widerchristlichen Gewohnheiten vor Gott bringt, bekommt die Vergebung. Zweitens ist das Kreuzigen ein schmerzlicher Prozess. Man will ja nicht immer wegen der gleichen Sache vor Gott kommen, sondern das Grundübel beseitigen. Und das liegt immer in unserem Herzen begründet!

Jedes Christusglied muss sich dem aussetzen, dass er nach dem Sündenerlass auch unausweichlich, mutig und hart daran geht, das Widerchristliche abzutun. Im Geist Christi kann das gelingen, aber man muss Ihn auch hören und auf Ihn eingehen. Dieses Ans-Kreuz-bringen ist schmerzlich, weil es sich ja meist um Angewohnheiten oder sogar Wesensmerkmale handelt. Aber es ist unumgänglich. Wer es aufschiebt, hat es nicht aufgehoben. Man kann davon ausgehen, dass jede Verzögerung nur die Hitze verstärkt, die einem das Ausbrennen der Mäkel besorgt. Der ganze Christusleib wird einst verherrlicht dastehen und keinen Makel haben. Und deshalb sagt Paulus: *„Wenn wir durch den Geist leben, so lasst uns durch den Geist wandeln!"* (Gal 5,25) Wer also behauptet, den Geist Christi zu haben, soll sich dauernd selber prüfen, wo der Geist Christi in ihm Früchte erbringt und wo nicht und wo vielleicht sogar christusfremdes Wesen sich noch ausgebreitet hat. Diese Prüfung wird viel zu selten durchgeführt. Das mag auch daran liegen, dass niemals jemand, auch kein Glaubensbruder und keine Glaubensschwester, etwas anspricht, da man alles unter dem Deckmantel der Toleranz und Liebe, beide falsch verstanden, weiterlaufen lässt. Außerdem ist wahr, dass man dann gleich auf den Balken im eigenen Auge hingewiesen werden könnte. Das wäre aber besser, als das, mit was man sich in christlichen Gemeinden viel eher beschäftigt, nämlich „nach eitler Ehre“ zu trachten, miteinander zu wetteifern in weltlichem Glanz, um sich dann gleich wieder zu beneiden und missgünstig zu sein (Gal 5,26). Dabei wird auf keinem Gebiet eine Verbesserung erreicht. Die Kirchen mögen an ihrer Kopfzahl wachsen, aber nicht am Inhalt der Köpfe.

Was empfiehlt Paulus stattdessen? *„Einer trage des anderen Lasten.“* Davon ist in Gemeinden viel zu wenig zu sehen. Klar, man trägt ja schon die eigenen Lasten mit sich herum. Dabei könnte der Taube den Blinden an der Hand nehmen. Wenn man auf die Standardfrage „Wie geht`s?“ einmal nicht mit „gut!“ antwortet, wird man ungläubig angeschaut, als ob es einem Christen immer gut gehen müsste. Dass man anschließend einen Gesprächspartner hat, der sich interessiert daran zeigt, zuzuhören und vertrauensvoll seine Sinne öffnet, um den anderem zu dienen, ist nicht sehr wahrscheinlich. Man hat es nicht geübt, über die Fälle des „es geht mir nicht gut!“ seine christliche Dienstfertigkeit auszubreiten. Zu oft gibt man dem Geist Christi gar nicht die Chance, dass er durch einen spricht und so bleibt er stumm.

Das Lastentragen hat nach Paulus etwas mit dem *„Gesetz des Christus“* zu tun. Wer nämlich des anderen Last trägt, erfüllt es (Gal 6,2). Paulus meint nicht die Torah, sonst würde er sich ja widersprechen. Und würde er es meinen, dann wieder so, wie anderswo. Wer Gott und seinen Nächsten liebt, wie es die Torah vorschreibt, hat die ganze Torah erfüllt und zugleich im Geiste Christi gehandelt. ***107** Aber das sagt Paulus hier nicht. Ganz im Gegensatz dazu, spricht er von einem Gesetz des Christus, das die Torah als bisher bestes Mittel Gottes Willen zu erfüllen, abgelöst und herabgesetzt hat. Paulus hat in Gal 5,25 bereits spezifiziert, was dieses Gesetz Christi auszeichnet. Es ist das Leben im Geist Christi. Es handelt sich also um eine Redefigur. Das „Gesetz Christi" ist nicht das Gesetz vom Sinai, sondern das, was der Geist Christi anregt und durchführt. ***108** „Gesetz“ steht in der Bibel immer für eine Ordnung, meist für eine vorläufige. In Christus zu sein, ist aber nichts Vorläufiges, sondern Endgültiges. Die Ordnung in Christus ist eine Unterordnung unter das Haupt. Ist man dort im Leibe Christi abgekommen, ist man endgültig verortet. Christus verdammt auch nicht Seine eigenen Glieder, sonst müsst Er ja im Himmel verstümmelt sitzen. Es gibt Naturgesetze, die Gottes Schöpfung in einer Ordnung halten, damit nicht der Chaos oder der Zufall herrschen. ***109** Ebenso gibt es geistige Gesetze, die einer Ordnung angehören. Im vorliegenden Fall ist das höchste geistige Gesetz das Gesetz Christi. ***110** Darunter gibt es einen Paragraphen, der für gut, richtig und ordentlich erklärt, dass man die Lasten eines in Christi mitbelasteten mitträgt. Jesus hat das gleiche getan für jeden von uns, daher sollen wir genauso handeln, in unserem Verantwortungsbereich. Das Gesetz Christi ist aber kein Gesetzeswerk, das erschöpfend in Buchstaben gefasst werden könnte, weil es nur von Christi Geist vollständig erfasst und umgesetzt werden kann. Der Fall ist klar.

Es ist schon beachtlich, wie sehr Torahbefürworter die Worte von Paulus im Mund umdrehen, nur um etwas für sich daraus gewinnen zu können. Da werden klare Aussagen von Paulus ebenso ignoriert, wie rhetorische Regeln und typische Ausdrucksweisen von Paulus oder gar ins Gegenteil umgedeutet. Paulus hat eine solche sinnverzerrende Vorgehensweise damals schon scharf abgewiesen. Aber wie er schon selber sagte, verdrehen die Irregeleiteten alles zu ihrem eigenen Verderben. Zuerst einmal verdirbt der letzte Rest von Schrifterkenntnis. Deshalb muss man sich nicht wundern, dass die Kirchen in einer Tradition der Optimierung ihrer Schriftirrtümer gefangen sind.

Nachdem Paulus den Galatern die Kapitel zuvor auseinandergesetzt hat, dass es einen Gegensatz gibt zwischen der Befolgung der Torah und der Nachfolge Jesu Christi, wenn man nicht verstanden hat, dass das eine nur die Zielrichtung angibt, das andere aber das Ziel selbst ist, kann Paulus hier mit dem *„Gesetz des Christus"* nicht die Torah gemeint haben, sondern sprachfigurativ den genauen Gegensatz.

Manche nichtjüdischen Ausleger belegen das *„Gesetz des Christus"* mit Begriffen wie „Gesetz der Liebe" oder versuchen irgend eine künstliche Zusammenstellung von Wesensmerkmalen Christi als „Gesetz" darzustellen. Aber darum ging es Paulus gar nicht. Er verwendet den Begriff nur, um die jüdische Torah zu ersetzen. Christusnachfolger folgen nicht der Torah, weil sie Christus nachfolgen. Christusnachfolger morden nicht, weil sie Christus nachfolgen. Christusnachfolger verunehren ihre Eltern nicht, weil sie Christusnachfolger, und ebenso werden sie auch kein falsches Zeugnis ablegen, keine Götzen anbeten, kein Ehebruch begehen, das Eigentum anderer nicht begehren, den Namen Gottes nicht missbrauchen, weil sie Christus nachfolgen und nicht, weil sie die Torah halten wollen. Christen brauchen auch kein Gesetz der Liebe, sondern sie folgen Christus nach, sie wandeln in Seinem Geist, wo nicht, fallen sie heraus aus der Christusnachfolge. Dann hilft ihnen aber auch keine Torah mehr. Es ist nachvollziehbar, dass Juden der Torah ihre Reverenz erweisen, aber es wäre besser, wenn sie Christus die Ehre erweisen würden.

Jesus ist nicht gekommen, die Torah aufzulösen. Er ist aber auch nicht gekommen, um die wahre Bedeutung der Torah offen zu legen, sondern Er ist gekommen, um Sein Leben für die Menschen zu geben, damit sie gerettet werden können.

Paulus hat eine im Raum stehende torahzentrierte Heilslehre als fleischlich betrachtet. Das Fleisch kann aber nur verderben. Und solche Lehren bringen auch nicht zum Ziel. Sie bringen keine Zielfrüchte. Zum Nachweis kann man die unselige Kirchengeschichte hernehmen. Die Kirchenvertreter haben alle Laster, die Paulus als fleischlicher Gesinnung geschuldet sieht, gefrönt. Und zwar nicht mit der Gesinnung, dass sündigen erlaubt wäre, sondern dass man die Gebote unbedingt halten müsse. Und mit der gleichen Hingabe, wie sie lehrmäßig ihre theologischen Irrtümer kultiviert haben, sind sie ihren Lastern nachgegangen. Manch eine Last entpuppt sich bei näherem Zusehen als Laster. An ihren Früchten sollten sie erkannt werden. Aus einer bitteren Quelle kann kein christussinniges, aus aufrichtigem Herzen formuliertes Gotteslob kommen.

Auch hier gilt: *„Irrt euch nicht, Gott lässt sich nicht verspotten! Denn was ein Mensch sät, das wird er auch ernten."* (Gal 6,7) Das bedeutet auch, wenn er nichts sät, wird er nichts ernten. Warum erwähnt Paulus hier den Spott Gottes? Jeder, der eine Gnadengabe Gottes zurückweist, oder ein Gotteswort abtut oder ins Gegenteil verkehrt, jeder, der auf Gott nicht hören will und lieber sein eigenes Ding machen will, spottet Gott. Und indem er das tut, sät er nichts, was im Reich Gottes aufgehen wird, sondern im Garten des Vergänglichen und Nichtigen. Jeder hat so einen Garten. Es kommt darauf an, ihn nicht zu pflegen, weil er nur ungute Früchte erbringt. Ein Garten, den man nicht pflegen muss!

Wer Gott nicht ehrt und lobt, durch Worte und Werke, spottet bereits durch Nichtstun. Es ist eine Auszeichnung ein Lastenträger Gottes zu sein. Dann kann man dankbar sein für jede Gelegenheit, die sich im Leben auftut, die Lasten eines anderen zu tragen, weil man dann die Lasten Jesu getragen hat. Das wird für jeden einmal noch beschämend sein, wenn dann Jesus die Frage stellt, *„Warum hast du meine Last nicht getragen?“* Wir fragen dann verwundert zurück, *„Wo habe ich deine Last nicht getragen?“* Und dann wird er uns vielleicht vor

Augen führen, dass wir einmal einem armseligen Bruder nicht beigestanden haben. Der Grund dafür lag dann vielleicht darin, dass wir nicht auf den Geist Christi gehört haben, sondern auf unsere eigenen Herzensanliegen. Diese können übereinstimmen, aber genau das müssen wir beurteilen (Gal 6,4). Niemand kann uns das abnehmen. Wenn Geist und Herz nicht übereinstimmen, fällt es Gliedern am Leib Christi zu, das zu wählen, wohin die Bestimmung geht, diese geht zu Christus, nicht zur eigenen Seelenlust.

JCJCJCJCJCJCJCJCJCJCJCJCJCJCJCJCJC

Getrennte Wege

Gal 6,2.9-10.12-16

In seinem Kommentar zu Gal 6,2 gibt David Stern den Grund an, warum er und mit ihm viele andere messianische Juden glauben, dass sie unter dem „Gesetz des Christus" die Torah, die schon Mose gegeben worden war, verstehen. Es wird als Axiom angesehen, dass die Torah ewig und unaufhebbar sei. ***111** Aber haben nicht die Juden selbst erfahren wie bloß situativ die Torah gültig ist? Wollen sie die Steinigung für Ehebrecher wieder einführen? Und die messianischen Juden: Wollen sie die blutigen Opferungen beibehalten, obwohl Jesus, das Opferlamm, ein und für allemal für ihre Sünden geopfert wurde?

Allerdings vertreten nicht alle religiösen Juden die Auffassung, dass die Torah ewig gilt. Aber Stern und andere sollten sich jedenfalls fragen, ob sie mehr dem traditionellen Judentum und längst vergangenen Epochen verpflichtet sind, oder Jesus Christus. Und wohlverstanden – alle Kirchen müssen sich das ebenso fragen.

Paulus weiß nicht, wer unter den Galatern Früchte des Geistes Christi und wer Werke des Fleisches erbringt. Er weiß aber, dass die meisten sehr nahe an den Glaubensinhalten der Religionen sind. Insbesondere muss er sie gegen die Torahlehrer schützen. Der Glaubensstand ist nicht hoch und nicht tief. Paulus redet gegenüber den Galatern daher nicht von sehr hohen Dingen, sondern von Anfangsbegriffen. Das beherrschende Thema des Judentums jener Zeit war die Qualifizierung für das bald erwartete Reich Gottes. Die einen kommen ins Reich Gottes, die anderen nicht und jeder, der Gottes Willen erfüllt, kommt in das Reich. Daher muss Paulus immer wieder auf Grundsätzliches zu reden kommen. Eine Redefigur eignet sich dabei ganz besonders. Da Christusglieder wegen des in ihnen wirksamen Geistes Christi die Früchte des Geistes erbringen werden, muss von ihnen weiter gar nicht geredet werden. Was ist aber mit den Religiösen und Frommen, die einen Teil der Wahrheit erkannt haben? Sie können das Reich Gottes erreichen oder sie sind diejenigen, die draußen bleiben müssen, die Verdammten und Verdorbenen. Paulus kennt sie nicht, er weiß nur, dass es sie gibt. Auch für sie versucht er, Samen auszustreuen, der aufgehen soll. Ihre Fleischeslust wird sie sonst auf dem Weg ins Reich verderben *„Denn wer auf ein Fleisch sät, wird vom Fleisch Verderben ernten; wer aber auf den Geist sät, wird vom Geist ewiges Leben ernten“* (Gal 6,9)

Gal 6,10 wird oft überlesen und leider viel zu wenig beachtet bzw. umgesetzt. *„Lasst uns also nun, wie wir Gelegenheit haben, allen gegenüber das Gute wirken, am meisten aber gegenüber den Hausgenossen des Glaubens!"* Ganz gleich was man in seinem Leben an Fehlleistungen erbringt, welchen persönlichen Katastrophen und Glaubenskrisen man sich gegenüber sieht, eines ist sicher, solange man für andere etwas Gutes tut, ist man ganz auf dem Weg, der zu Christus führt. Da macht man nichts verkehrt. Mag es an heilsgeschichtlichem Durchblick, an biblischer Erkenntnis, am Verständnis für das Erleben und Ertragen anderer ermangeln, mag man klug oder dumm, begabt oder ungeschickt sein, solange man nach Kräften das Gute tut, hat man etwas Unzerstörbares, bleibend Wertvolles vollbracht. Man beachte auch, dass Paulus die richtige Reihenfolge einhält: zuerst an den *„Hausgenossen des Glaubens!"*

Das bedeutet nicht, dass man sogar die eigene Familie, ob gläubig oder nicht, vernachlässigen soll, aber man sollte immer daran denken, dass Christus als Haupt auf eine enge Beziehung Seiner Glieder Wert legt. Innerhalb Christus wird alles so erlebt, als sei man selber betroffen, das entspricht analog der Konstruktion des menschlichen Leibes. Bedauerlicherweise sind viele Leibesglieder so sehr mit ihrem eigenen kritischen Wachstum beschäftigt, dass sie schon das Leibesglied neben sich gar nicht mehr wahrnehmen.

Viele haben noch nicht begriffen, wenn sie sich so sehr um sich selber kümmern, so berechtigt das zweifellos auch ist, dass es für sie selbst hilfreicher wäre es, wenn sie sich noch mehr um andere bekümmert sein lassen und dabei vielleicht gerade der Lösung ihres eigenen Problems ein Stück näher kommen.

In Gal 6,12 kehrt Paulus abermals zu dem Thema zurück, mit dem man ihn so sehr beschäftigte. Paulus offenbart noch einen Grund, warum viele so sehr die Beschneidung befürworten: *„Nur damit sie nicht um des Kreuzes Christi willen* *verfolgt werden.“* Daraus erhellt sich, dass die Befürworter, die nicht verfolgt werden wollten, messianische Juden oder auch Nichtjuden gewesen sein müssen, die deshalb für die Beschneidung waren, damit sie von den nicht an Christus glaubenden Juden nicht verfolgt wurden. Die Verfolger können damals noch keine Christen gewesen sein. „Christen“, genauer gesagt, Angehörige der Kirchen, reihten sich erst unter die Verfolger Andersgläubiger ein, nachdem sie Macht und Mehrheit gewonnen hatten. Deshalb lässt Gott seine Gemeinde nicht mächtig werden, weil nur bei Gott die Machtpotenz nicht der Liebe und Barmherzigkeit in die Quere kommt. Menschen erliegen den Versuchungen der Macht. Manche Kirchen, die klein, mit guten Absichten angefangen haben, veränderten sich zum Unguten, nachdem sie groß und einflussreich geworden waren.

Man darf Paulus nicht so verstehen, dass das der alleinige Grund für die Akzeptanz der Beschneidung gewesen wäre. Bei manchen ist Angst die Ursache des Verhaltens. Bei anderen ist es die Überzeugung. Verwerflich ist der Grund, dass man etwas wider besseren Wissens betreibt. Man kann in dem, was Paulus sagt, sogar einen versteckten Vorwurf an die Gemeinde in Jerusalem herauslesen, denn was konnte nur der Grund dafür sein, dass die Gemeinde dort von den nichtmessianischen Juden weitgehend nicht behelligt worden ist? ***112** Dass sie gelehrt haben soll, dass man keine Beschneidung benötigt, kann wohl nicht der Grund gewesen sein! Das haben sie nicht gelehrt! Mehr noch, vielleicht kamen die Beschneidungsprediger, die ins Revier des Paulus eingedrungen waren, aus Jerusalem, aus der direkten Umgebung der Gemeindeleiter.

Es fällt in den Briefen des Paulus auf, dass er die Jünger Jesus und Jakobus jedenfalls nicht direkt angeht, sich aber auch nicht auf sie bezieht, um sich zu rechtfertigen. Das tut er nur einmal (Gal 2,9). Selbst wenn er Grund dazu gehabt hätte, wäre es nicht weise von ihm gewesen, sich gegen die „Säulen“ des Glaubens und die nachweislich bezeugten Beauftragten Jesu zu stellen. Das hätte seiner eigenen Mission geschadet, ganz abgesehen von den kirchengeschichtlichen Auswirkungen. Wenn dieser Kommentar zum Neuen Testament inhaltlich weitgehend richtig ist, dann hätte er schon zweitausend Jahre früher geschrieben werden müssen, vorausgesetzt Paulus hätte in einem seiner Briefe geschrieben, dass die Jünger Jesu nicht konsequent zwischen ihrem und seinem Evangelium unterschieden. Er hat es aber nicht und so ist die Kirchengeschichte annähernd zweitausend Jahre darüber hinweggegangen, dass man zwischen dem Bund Israel und der Gemeinde des Leibes Jesu Christi unterscheiden muss. Stattdessen hat man irrtümlich angenommen, dass die Gegner von Paulus irgendwelche unevangelischen Sektierer oder Juden waren, die sich kirchengeschichtlich nicht mehr bemerkbar gemacht haben. Ein Irrtum! Einige dieser Gegner von Paulus haben sich kirchengeschichtlich durchgesetzt und sind die Gründerväter des Weltkirchentums geworden. Andere wiederum sind mit den übrigen Juden entweder den heidnischen Römern zum Opfer gefallen oder wurden zu den Vorvätern jener, die von den Kirchenchristen verfolgt worden sind. Das ist ein Geheimnis, das vielleicht, lange nach dem Tod von Paulus, dem einsamen Seher auf der Insel Patmos bewusst geworden ist (Of 17,7). ***113**

Und noch einen weiteren Grund gibt Paulus an, warum es Juden gibt, die andere zur Beschneidung bringen wollen: Es ist die Ruhmsucht (Gal 6,13). Es dürfte sich dabei um die gleiche Ruhmsucht handeln, die spätere katholische Amtsträger miteinander wetteifern ließen, wer wohl die meisten Seelen getauft und gerettet – oder vielleicht auch verdammt hatte. Ein Ruhm vor Gott und vor allem gegen Gott.

Diese Weisen wussten nichts davon, dass es Gott ist, der Menschen ruft und das nötige Vertrauen schenkt. Man rühmt sich also vor Gott, dass man ihm Seelen zugeführt habe, als ob Gott machtlos zusehen müsste, was sein Bodenpersonal veranstaltet. Diesem Irrtum, der Gott die Ehre nimmt und den Irren nur vor sich selbst rühmt, ist in der Kirchenchristenheit weit verbreitet. Man muss schnell noch missionieren, um noch viele Seelen, nicht Satan, denn der ist machtlos, sondernd dem allmächtigen Gott entreißen, der jeden am Schopf packt und in die Hölle wirft, wenn er nicht gläubig geworden ist. Das erinnert an die Todesrampe in Ausschwitz. Da stand ein „Missionar", der die Juden nach rechts oder links, entweder in den Tod oder ins Überleben schickte. Von ihm hing es ab, ob Familien auseinandergerissen wurden, die „Gläubigen", d.h. die Starken, die für das Arbeitslager taugten, durften weiterleben. Der Nazi testete die Ankömmlinge nach dem, was vor den Augen war. Der Missionar sieht auch nur, ob einer Ja und Amen sagt, aber er schaut nichts ins Herz, ob wirklicher Glauben da ist. Und wirklicher Glauben ist nur Glauben, der von Gott geschenkt wird. Er ist zu ehren, nicht der Mensch für seinen eigenen Aberglauben.

Dass dieses menschliche Rühmen völlig falsch und heilsunwirksam, dafür heilshemmend ist, ergibt sich auch aus dem was Paulus dazu zu sagen hat: *„Mir aber sei es fern, mich zu rühmen als nur des Kreuzes unseres Herrn Jesus Christus, durch das mir die Welt gekreuzigt ist und ich der Welt."* (Gal 6,14)

Christus nahm Sein Kreuz aus Liebe zu uns. So ist auch uns ein Kreuz gegeben, wegen Seiner Liebe zu uns. Und wir nehmen es aus Liebe zu Ihm. ***114** Daran sollten sich die Missionare orientieren, Gott die Ehre für mutmaßliche Erfolge geben, weil es Christus am Kreuz möglich gemacht hat und es dann Wirklichkeit werden lässt.

Wichtig ist aber auch für jeden, der es mit dem Glauben erst meint, *„dass mir die Welt gekreuzigt ist und ich der Welt".* (Gal 6,14) Die Vertreter der Kirchen haben nicht die Aufgabe, die Welt zusätzlich zu kreuzigen. Sie waren oft weltlicher als das Restvolk. Sie verunehrten den Gekreuzigten, weil sie das Gegenteil von dem Opferleben lebten wie Jesus.

Wer sagen kann, dass ihm die Welt gekreuzigt ist, der lebt in der Welt aber nicht als jemand von der Welt. Der Welt gekreuzigt zu sein bedeutet, dass die Welt in uns das gleiche erkennt, was es in Christus erkannt hat: der gehört nicht zu uns, weil er den Heil- und Heiligungsweg geht, den einzigen Weg, den wir aus eigener Kraft nicht gehen können. Das macht sich die Welt natürlich nicht bewusst.

Von einer Spaltung der jüdischen Christen in Jerusalem ist nichts bekannt. Da die Jünger Jesu und Jakobus unangreifbar waren, ist eine Opposition irgendeiner Art schwer vorstellbar. Daher ist anzunehmen, dass Jakobus deshalb unter den Juden den Beinamen des Gerechten bekommen hatte, weil er sich an die Torah hielt und damit auch für die Beschneidung war. ***115**

Im Jahre 70, nach dem Sturm der Römer auf die Stadt, gab es keine Juden mehr in Jerusalem. Wer nicht von den Römern erschlagen worden war, wurde von ihnen als Sklaven fortgeschleppt oder war vorher geflohen. Auch wenn geflohene Judenchristen vielleicht wieder später in die Stadt zurückkehrten, Spuren haben sie dort so gut wie keine hinterlassen. Sie sind aus der Geschichtsschreibung verschwunden. ***116**

Und wie erging es den nichtjüdischen christlichen Gemeinden im Römischen Reich? Sie entwickelten sich zu genau dem, was Paulus befürchtet hatte. Sie wandten sich wieder den Elementen des Irdischen zu und wurden fleischlich gesinnte Religionsartikelhalter. Aus dem was Paulus gesät hatte, wenn es nicht von den Römern und Römisch-Katholischen erstickt worden war, blieb wenig Fruchtbringendes übrig. Das Unkraut des Götzenkultes, des babylonischen Priesterwesens und der Werkgerechtigkeit wucherte über sie hinweg. ***117** Man erlag dem Sakramentarismus, wenn man nicht rechtzeitig aus dem wiederstehenden Kult-Babylon in die historische Unbemerkbarkeit entkommen war.

Freilich behauptet keine der Kirchen heutzutage, dass man sich beschneiden lassen müsste, aber dennoch sind es gesetzliche Kirchen, die ihre eigenen Gesetze gemacht haben, ihrer eigenen Theologie folgen, die von der Bibel manchmal so weit weg ist wie Rom von Golgatha, und sogar den Priesterdienst des alten Judentums nachahmen, obwohl dabei doch nur eine babylonische Variante herauskommt. ***118** Sie bemühen sich in vielem vergebens, denn sie sagen ja selber, dass ihre Kreationen keine neue Schöpfung hervorgebracht haben. Dies ist aber genau das, was Paulus entstanden sehen will in der Leibesgemeinde Jesu Christi:

„Denn weder Beschneidung noch Unbeschnittensein gilt etwas, sondern eine neue Schöpfung.“ (Gal 6,15) Man könnte hinzufügen, auch kirchlich sein, gilt nichts. Wer das mit der Kreuzesbotschaft gelten lässt, erlebt Frieden und Barmherzigkeit (Gal 6,16). Frieden deshalb, weil er nun selber zur Ruhe kommt und von allen nutzlosen Werken Abstand nimmt. Barmherzigkeit deshalb, weil das umfassende barmherzigste Werk, das die Welt je erfahren hat, das Erlösungswerk von Golgatha einen ganz erfassen und mit hinein nehmen kann in das Wachstum Jesu Christi. Bei Christus wird man selber zu einem barmherzigen Fürsprecher Gottes, der anderen das Heil vermitteln möchte. Das ist eines der Hauptkennzeichen eines wachsenden Gliedes am Leibe Jesu Christi: eine zunehmende Gesinnung der Barmherzigkeit und des Wunsches, seinen Frieden mit jedermann schließen zu wollen. Es gibt sehr viele Kirchenchristen, die davon weit weg sind und zum Teil erkennt man das auch an ihren Kirchenlehrern und Theologen, die anstatt Barmherzigkeit und Friedfertigkeit eher das Gegenteil mit Drohen und Schnauben vertreten. Diese sind wohl in den seltensten Fällen Früchte des heiligen Geistes.

Was ist die *„neue Schöpfung“*? Sie ist das Angekommensein in Christus, das man auch als Hineintaufe bezeichnen kann. ***119** Wiederum eine klare Absage an das Judentum. Hier geht es aber Paulus nicht darum, die Verheißungen Israels anzuzweifeln. Das hat er im Römerbrief klar gemacht. Gegenüber den Galatern geht es in diesem Brief eindeutig darum, Stellung zu beziehen gegen die

Judaisten, die wollen, dass alle Messiasgläubigen dem Judentum beitreten. Paulus sagt, das ist nicht nötig, denn es kommt nur darauf an, in Christus zu sein, einen Leib mit Ihm und allen Seinen Gliedern zu bilden. Und darauf bezieht sich auch der folgende Satz: *„Und so viele nach dieser Richtschnur wandeln werden – Friede und Barmherzigkeit über sie, und über das Israel Gottes!“ (Gal 6,16)*

Paulus bringt das *„Israel Gottes!“* mit in den Zusammenhang (Gal 6,16). Das *„und“* steht zwischen *„sie“* und *„Israel“.* ***120** Da das den Kirchen nicht gefiel, weil sie ja das „neue“ Israel sein wollten, wurde darunter einfach die Kirche verstanden oder sogar kurzerhand entstellend umschrieben und so der biblische Wortlaut gefälscht. ***121** Dabei unterscheidet Paulus hier, erwartungsgemäß, zwischen denen, die seinen Lehren folgen, das sind Juden und Nichtjuden, und Israel. Dies ist eine der Schriftstellen, die verdeutlichen, dass es verschiedene Heilsordnungen gibt. Paulus wusste, dass Israels Verheißungen sich noch erfüllen werden (Vgl. Röm 11,26). Die Kirchen leugnen das zum Teil. ***122**

Aber Paulus vertrat keine Ersatztheologie und liebte Israel. Es gab damals keinen einzigen Menschen, muss man annehmen, der an so etwas wie die Ersatztheologie glaubte. Das lag daran, dass man als Nichtjude wusste, dass Israel das einzige Volk war, das den Eingottglauben hatte, dass die Juden sich als auserwähltes Volk betrachteten und dass das auch klar aus ihren religiösen Schriften hervorging. Und es lag daran, weil man wusste, dass die Sekte der Christen diesem Judentum angehörte. Für eine Ersatztheologie war kein Raum und kein logischer Grund. Sie ist eine Erfindung von Schriftunkundigen, die mehr heidnische als biblische Kirchenchristen waren und zu Feindschaft mit Israel neigten. Dass das „Israel Gottes“ in Gal 6,16 nicht die christliche Kirche, sondern Israel ist, erkennen sogar manche Ersatztheologen an.

Es gibt leider Bibelübersetzungen, die mehr Auslegungen sind als wortgemäße Übersetzungen. Dazu gehört z.B. die „Hoffnung für alle“, die aus dem „Israel

Gottes“ das „Volk Gottes“ machen und die Kirche damit meinen. Das ist nicht nur falsch übersetzt, sondern auch noch falsch ausgelegt! Dabei enthält der Satz von Paulus zwei Anspielungen auf Israel. Die erste ist der Schalom, den Israel im messianischen Reich so sehr erwartet, weil es in dieser Welt keinen Frieden hat. Es ist der Schalom, welches den Messias als Friedensfürst erwartet.

Die zweite Anspielung ist die Richtschnur. Das Hauptgebet in der Synagoge ist die Amidah. ***123** Sie enthält das Sim Schalom! – „Gib Frieden!“ Im Schlusssegen der Amidah heißt es: *„Gieße Schalom, Güte und Segen, Gnade und Freundlichkeit und Barmherzigkeit über uns und über ganz Israel, dein Volk.“* Das hört sich sehr nach Gal 6,16 an. Das ist deshalb so, weil Paulus Jude war, der die jüdischen Gebete und Segenssprüche kannte.

Paulus sagt in vollem Bewusstsein diese Segensworte, die wie eine frühe Vorform oder eine gekürzte Form des Segensspruchs der Amidah lauten. Die Amidah gab es ganz offensichtlich damals in irgend einer ähnlichen Form schon gab. Das Besondere am Segensspruch bei Paulus ist nicht, dass er ihn auf Israel bezieht und man sich dann fragen muss, wen er damit gemeint hat, denn Paulus hat immer mit „Israel“ auch „Israel“ gemeint. Das Besondere ist vielmehr, dass es noch andere gibt, die seiner Richtschnur folgen, Beschnittene, aber auch Unbeschnittene!

Paulus wollte nach allem, was er an reizenden Worten an die Adresse des Judentums gesagt hatte, am Ende den Brief damit schließen, ein Zeichen dafür zu setzen, dass er richtig verstanden sein wollte. Wer nach der Richtschnur wandelt, dass weder Beschneidung noch Unbeschnittenheit, sondern allein das In-Christus-sein etwas ist, der hat die neue Richtschnur und über dem ist der Schalom und die Barmherzigkeit. Und über Israel kommen Frieden und Barmherzigkeit schon wegen der Verheißung.

Warum sagt er nicht einfach Israel? Weil er deutlich machen will, dass Israel immer noch Gottes Eigentumsvolk ist. Israel ist der Segensbaum für alle Nationen. So haben es auch die anderen Apostel und vor allem sie verkündet. Bei aller Kritik an den verstockten Juden, weiß Paulus doch, dass Israel zum Ziel kommen wird. Dazu braucht es den Frieden Christi und die Barmherzigkeit Gottes. Er konnte nicht wissen, dass in den nächsten zweitausend Jahren Israel keinen Frieden finden sollte und an der Unbarmherzigkeit der Völker zu leiden hatte wie kein anderes Volk. Hätte Paulus das gewusst, hätte es ihm sehr zugesetzt, so sehr, dass er selber des Friedens Christi und der Barmherzigkeit des Gottes, der zu Ihm sagte: „Dir genügt meine Gnade!“, ganz besonders bedurft hätte.

Die Juden blicken im 21. Jahrhundert auf eine unsagbar leidvolle zweitausendjährige Geschichte zurück und es ist die Schande der Kirchenchristenheit, dass hauptsächlich sie für das verantwortlich ist, was mit den Juden geschehen ist. ***124**

Aber die Amidah bringt es richtig zum Ausdruck: über *„ganz Israel“* wird Gott Seine Segnungen ausschütten. Und Paulus wusste davon, denn er schrieb den Juden in Rom von der Rettung *„ganz“* Israels (Röm 11,26). Israel wird erst dann ganz gerettet sein, wenn sie in den Frieden Jesu Christi eingegangen sind und sich Gott ihnen endgültig barmherzig erweist. Dann werden alle die Opfer der Kirchengeschichte, alle Opfer des Holocaustes so sehr getröstet, dass sie ihre Klagelieder in Loblieder verwandeln. Wer wollte das nicht, außer den Judenhassern?! Doch die werden ihr eigenes Gericht erfahren. Christus, der König der Juden, holt sie aus allen Ecken heraus, in die sie sich verkrochen haben, ob in Paraguay, Argentinien oder Rom, Teheran, Ramallah, Berlin, Moskau oder Brüssel, über oder unter der Erde. Es sind die gleichen Leute, die Israel kein Land zugestehen und das biblische Wort Israel vermeiden. Das taten schon die

Heiden des ersten Jahrhunderts, die die Juden als Judäer (Ioudaioi) und Israel unter der Bezeichnung der jeweiligen Provinz ansprachen.

Paulus redet hingegen ausdrücklich von „Israel“. Überall in seinen Briefen, wo er ausdrücklich „Israel“ sagt, redet er vom jüdischen Volk, niemals von der Kirche. Das wird besonders deutlich im Römerbrief. Hier ist es genauso.

Ausleger Stern argumentiert auch hier wieder widersprüchlich. Er sagt, dass sich das „Israel Gottes“ auf die gläubigen Juden und Nichtjuden bezieht, obwohl sich das Wort „Israel“ sonst bei Paulus immer auf das jüdische Volk beziehen würde. Aber dann wäre das „und“ überflüssig, das Paulus zwischen den Juden und Nichtjuden, die gläubig sind, und das Israel Gottes setzt. Der Grund für den Irrtum bei Stern, ist die Annahme, dass eben doch nicht ganz Israel gerettet würde. Setzt man jedoch das, was Paulus in Röm 11,26 über ganz Israel gesagt hat hinzu, ergibt sich widerspruchsfrei, dass Paulus wusste, dass Gott mit Seinem Volk noch lange nicht fertig war, weil Er Seine Verheißung gegenüber Seinem Volk, unabhängig vom Glauben des Volkes, wahrmachen würde. Und das hat Paulus hier auch zum Ausdruck gebracht. Eigentlich müsste sich der Jude Stern darüber freuen. Aber da die messianischen Juden und die großen Kirchen, deren Lehren sie zum Teil übernommen haben, das nicht sehen können oder wollen, sind sie auch nicht in der Lage, sich korrigieren zu lassen. Schon gar nicht will man sich von denen berichtigen lassen, die man dem von den „Platzhirschen“ des Kirchentums ungeliebten Dispensationalismus zuordnet. Die Voreingenommenheit messianischer Juden gegenüber dem heilsgeschichtlichen Denken rührt daher, dass er meint, man würde bei der Trennung von Gemeinde und Israel die Juden zu Himmelsbürgern zweiter Klasse deklassieren. ***125**

Doch eher ist das Gegenteil der Fall, denn die biblische Heilsgeschichte zeigt, dass im Leib Christi Juden und Nichtjuden gleichrangig sind, wie Bruder und Schwester. Unter den Nationen hat aber Israel den Vorrang. Das bedeutet, dass nichtgläubige Juden gegenüber nichtgläubigen Nichtjuden bevorzugt werden. Sie sind also weder im Leib Christi noch im messianischen Reich Bürger zweiter Klasse. Bei messianischen Juden zeigt sich leider, dass die jahrhundertelange würdelose und feindselige Behandlung, die Juden von Christen empfangen haben, zu einer Übervorsicht und Misstrauen geführt hat und die Überbetonung mancher Glaubensaspekte begünstigte. Das kann so weit gehen, dass man gar nicht mehr bemerkt, wo die judenfreundliche Gesinnung vorhanden ist.

Anmerkungen

1

Die Großschreibung von „Herr" für das Hebräische JHWH in den meisten Bibelübersetzungen stammt von Luther. Er hat sie zur Unterscheidung für „Herr" für das hebräische Adonai eingeführt. Ähnlich wie im Deutschen zur Zeit Luthers „Herr" (mittelhochdeutsch „her" für „vornehm"; althochdeutsch „hero" für einen Höhergestellten) und im griechischen kyrios (κύριος) steht auch das hebräische Adonai für eine besonders zu achtende Person. In der Septuaginta wurde nicht das hebräische JHWH, sondern die stattdessen gesprochene hebräische Bezeichnung Adonaj durch das griechische kyrios (κύριος) benutzt. Die Autoren des Neuen Testaments gaben diesen Titel kyrios (lateinisch „Dominus") auch Jesus.

2

Vgl. Albrecht Schwarz in seinem Kommentar zum 2. Korintherbrief, S. 50, 2015.

3

In der kirchlichen Literatur meist als „Judenchristen“ bezeichnet.

4

Solcherart Entwicklungen gibt es in unserer Zeit häufiger. Man denke an die Entstehung der Zeugen Jehovas oder der Siebententags Adventisten, die auf „Sonderoffenbarungen“ einzelner Seher zurückzuführen sind.

5

Moriz Friedländer, „Die religiösen Bewegungen innerhalb des Judentums im Zeitalter Jesu“, S. 348, 1905. *„Was sollte ihm (Paulus) auch der Umgang mit den Uraposteln frommen, da er doch ein anderes Evangelium verkündigte als sie, die aus der Enge des Judentums nicht heraustreten konnten?“*

6

Luther Deutsch, Bd. 2, Der Reformator, S. 266267. Vgl. Weimarer Ausgabe Bd. 7, 32, 2634.

7

Johannes Pflaum in „Das verschleuderte Erbe“, S. 107, 2017.

8

Oder wie Heiko Oberman es ausdrückte: *„Der wissenschaftlich objektive Interpret muss zum betroffenen Hörer werden.“* (Heiko A. Oberman, „Luther. Mensch zwischen Gott und Teufel“, S.172, 1983) Und das wird ein Mensch nur, wenn ihn Gott dazu berufen hat. Vor dem hört er nur sein eigenes Ohrensausen.

9

Ebd., S. 217-218.

10

Vgl. Ernst Wilhelm Kohls, „Luthers Entscheidung in Worms“, S. 9., 1970.

11

So heißt es bei Spurgeon: „Ihr und ich, die wir Botschafter Gottes sind, müssen vor Gottes Wort zittern, nicht mit ihm spielen.“ (Iain Murray, C. H. Spurgeon – wie ihn keiner kennt, Hamburg: Reformatorischer Verlag Beese, 1996, S. 3637.). Heute übersteigt die Zahl der bibelkritischen Theologen, die man nicht mehr als Christen bezeichnen kann, die Zahl der biblisch denkenden Christen bei weitem.

12

Zu den nachvollziehbaren und notwendigen Schlussfolgerungen siehe hierzu vom Autor: „Die zwei Evangelien“, 2017.

13

„Im ersten Stadium seiner Wirksamkeit unterscheidet sich seine Botschaft in nichts von jener des Täufers, und es hat den Anschein, als ob er überhaupt über jenen nicht hinauszugehen beabsichtigte.“ Moriz Friedländer, „Die religiösen Bewegungen innerhalb des Judentums im Zeitalter Jesu“, S. 316, 1905.

14

David H. Stern, „Kommentar zum Jüdischen Neuen Testament“, Bd. 2, S. 313-314, 1996.

15

Ebd., S. 316.

16

Ferdinand Hahn, Theologie des Neuen Testaments“, Bd. 1 Theologiegeschichte des Urchristentums, S. 177-178, 2002.

17

Vgl. Nelson Darby, „Collected Writings“, Bd. 27, S. 5, 1867.

18

David H. Stern, „Kommentar zum Jüdischen Neuen Testament“, Bd. 2, S. 319, 1996.

19

Auch C.E.B. Cranfield und E. Burton in ihren Kommentaren.

20

David H. Stern, „Kommentar zum Jüdischen Neuen Testament“, Bd. 2, S. 326, 1996.

21

LuÜ17: „im Glauben an den Sohn…“, ebenso Schlachter, Zürcher, Schumacher, Neue Genfer.

22

Auch bei Baader, der sein Bemühen um Worttreue hervorhebt, bezieht sich die Treue nicht „an“ oder „auf“ Christus, sondern ist die Treue von Christus: „im Treun, ja in dem des Sohnes…“ („Die Geschriebene“, Bd. 2, S. 701, 1993).

23

Vgl. Eckhard J. Schnabel, „Der Brief des Paulus an die Römer“, S. 824, 2016.

24

Die sich sicherlich als „Wir kommen von Jakobus“ vorstellten (Vgl. Eckhard J. Schnabel, „Urchristliche Mission“, S. 422, 2002).

25

Hebr. „darak“, in Micha 5,5; oder „ra'ah“ in Sach 11,4; oder gr. „bosko“ in Joh 21,17.

26

Joh 14,6; 1 Joh 1,5; 4,8; Joh 9,5.

27

In 1 Kö 22,19 ist es der Prophet Micha, der spricht, dass Gott sprach. Es ist also kein direktes Wort Gottes. Man müsste aber Micha unterstellen, dass er die Unwahrheit sagte. Dazu gibt es jedoch kein Indiz.

28

Das sog. „Apostolisches Glaubensbekenntnis“ stammt gewiss nicht von den Aposteln, denn die wussten wegen Joh 1,1ff, dass nicht der Vater der Schöpfer von Himmel und Erde ist, sondern der Sohn. Außerdem wird nirgendwo in der Bibel der „Glauben an die katholische Kirche“ empfohlen. Die gab es zur Zeit der Jünger Jesu noch nicht, ebenso wenig wie der Wunsch, einen kirchlichen Totalitätsanspruch bereits so deutlich ausgeprägt gewesen wäre. Auch haben es die Schreiber des Neuen Testaments nicht für nötig befunden, den heiligen Geist neben Vater und Sohn in ihren kurzgefassten Glaubensbekenntnissen hervorzuheben. Das Apostolische Glaubensbekenntnis ist ein Konstrukt späterer Generationen.

29

Vgl. Nelson Darby, „Synopsis oft he books oft he Bible", Bd. 4, S. 150ff, 1882.

30

David H. Stern, „Das jüdische Neue Testament“, 1994.

31

David H. Stern, „Kommentar zum jüdischen Neuen Testament“, S. 333, 1996.

32

Der Sache des messianischen Judentums dient Stern auch nicht, da diese Torahhörigkeit das messianische Judentum in den Ruf bringt, das Evangelium von Paulus überhaupt nicht verstanden zu haben.

33

Vgl. Francesca Albertini, „Die Konzeption des Messias bei Moimonides“ (in: Forschungen zur Wissenschaft des Judentums), S. 69, 2009.

34

Vgl. Peter Schäfer, „Studien zur Geschichte und Theologie des rabbinischen Judentums“, Bd. XV, S. 205, 1978.

35

Vgl. Roland Deines, „Die Gerechtigkeit der Tora im Reich des Messias“, S. 367, 2004, der gerade auch bei Matthäus eine Betonung Jesu auf den nicht-halachisch-rituellen Teil der Torah sieht.

36

Die Theologen unterscheiden meist nicht die Zeit vor und nach dem Sündenfall, nicht zuletzt deshalb, weil sie nicht glauben, dass es einen historischen Sündenfall gegeben hat. (Vgl. Thomas Conant, „Book of Genesis“, S. 8; 1868)

37

Vgl. Daniel Seidenberg, „Geh heraus, mein Volk!“, S. 203, 2011.

38

Die Ausführungen im Hebräerbrief scheinen zum Teil dagegen zu sprechen. Sie werden auch immer wieder dagegen angeführt, dass die Torah noch gültig sein könnte. Ich verweise hier auf meine Auslegung zum Hebräerbrief in der Reihe meiner Kommentare zum Neuen Testament.

39

Vgl. Paul-Gerhard Klumbies, „Die Rede von Gott bei Paulus in ihrem zeitgeschichtlichen Kontext“, S. 52, 1992.

40

Zitiert nach Carl Friedrich Weizsäcker, „Der Garten des Menschlichen“, S. 498, 1977.

41

Tozer sagt zwar schön über Gottes unendliches, grenzenloses und unbeschränktes Wesen: „Nirgends im Universum oder dahinter steht für Ihn ein Schild: »Hier ist das Ende.« (A.W. Tozer, „Muss man Gott fürchten?“, S. 51, 1991) Aber dann schränkt er Gott doch wieder ein, denn an der Hölle steht ein Schild: Eintritt verboten!

42

David H. Stern, „Kommentar zum jüdischen Neuen Testament“, Bd. 2, S. 337, 325, 1996. In seiner Übersetzung von 1994 („Das jüdische Neue Testament“, S. 332, 1994) hat er noch: „Habt ihr den Geist durch die peinlich genaue Befolgung der Gebote der Torah empfangen...“.

43

Ebd.

44

Das zeigt, dass die Gemeinde, bzw. die Gemeinden in Galatien nicht nur aus Nicht-Juden bestanden.

45

Für die Juden gab es die Überlegung, ob dieses Verhalten Isaaks nicht typisch geworden ist für alle Juden im Verlauf der Geschichte des Judentums. Dabei gilt es auf jeden Fall für den Juden Jesus (Sach 11,4; Röm 8,26). Vgl. auch Jill Robbins in (Hrsg. Mark C. Taylor), „Critical Terms for Religious Studies", S. 295, 1998.

46

Vgl. Christine Roy Yoder, „Abingdon Old Testament Commentaries", S. 26, 2009.

47

So behauptet es auch Arno Clement Gaebelein in seiner Galaterbriefauslegung: „Das pervertierte Evangelium, welches so nachhaltig in diesem Brief verdammt und anathema ausgesprochen wird, ist das gleiche Evangelium, das beinahe weltweit gepredigt und bis in unsere Tage angenommen wird. Die Christenheit ist gründlich durchsäuert mit dem Sauerteig des Legalismus. Und auch ein wenig Sauerteig durchsäuert den ganzen Leib. Zu allererst: Ritualismus, der so herausragend in der Christenheit ist, ist Galaterismus. Tatsächlich begann der Ritualismus bei den judäischen Lehrern, die das Gesetz mit der Gnade vermischten und lehrten, dass Gebote für die Errettung notwendig wären." „The

Epistle to the Galatians", Arno Clement Gaebelein, 1921, übersetzt vom Verfasser.

48

„Jada" steht für das persönliche, emotionale und vertrauliche Kennenlernen und auch für die geschlechtliche Liebe.

49

Vgl. G.E. Lessing Werke, Bd. 6, S. 462, 1767-1769: *„Es ist ein Beweis für die wahre, für die richtig verstandene Religion, wenn sie uns überall auf das Schöne zurückbringt."* Wie konnte Lessing das sagen, da er doch kein Christ war?

50

David H. Stern, „Kommentar zum jüdischen Neuen Testament", Bd. 2, S. 372, 1996.

51

Schon immer suchten die Juden in der Diaspora einen Ersatz für das, was ihnen der Tempel ermöglichte. Die wenigsten konnten sich eine Reise nach Jerusalem leisten. Vgl. Moritz Friedländer, „Die religiösen Bewegungen innerhalb des Judentums im Zeitalter Jesu", S. 157, 1905. „... sowohl die Verwerfung des Tieropfers, als auch der hier angedeutete Ersatz für dasselbe: dass nämlich der Mensch sich selbst zum Heiligtum Gottes machen müsse, ist jüdisch-hellenistische Theorie."

52

Deshalb ist es auch falsch, den Messianismus, d.h. den Glauben an das Kommen des Messias, der im Judentum zur Zeit Jesu verbreitet war, den es vor allem auch in der Diaspora gab, mit der Verkündigung von Paulus gleich zu setzen, wie es z.B. Moritz Friedländer macht, weil er aus unerfindlichen Gründen meint, dass Paulus ein Vertreter des Messianismus gewesen sei (Vgl. Moritz Friedländer, „Die religiösen Bewegungen innerhalb des Judentums im Zeitalter Jesu", S. 57, 1905).

53

Vgl. Douglas Harink, „Paul Among the Postliberals: Pauline Theology Beyond Christendom and Modernity", S. 31, 2003.

54

Vgl. Craig A. Blaising (Hrsg.), „Dispensationalism, Israel and the Church", S. 296, 1992.

55

David H. Stern, „Kommentar zum jüdischen Neuen Testament", Bd. 2, S. 340, 1996.

56

Ebd., S. 342.

57

„Doch die Lauterkeit, die stirbt, um andere zu erlösen, jedoch niemals jemanden in Ketten schlagen will, ist echtes Christentum." (Morgan, G. Campbell, The Acts of the Apostles, New York: Flemin H. Revell Co., S. 528, 1924).

58

Die Jünger Jesu wussten nichts von „Gnade allein", „Ende des Gesetzes" und „Verstockung Israels": *„Solche und ähnliche Ideen hat Jesus, obwohl er die Heilslehre des Glaubens in den Vordergrund seiner Botschaft stellte, niemals entwickelt, noch waren sie seinen Aposteln vor Paulus vertraut…";* Moriz Friedländer, „Die religiösen Bewegungen innerhalb des Judentums im Zeitalter Jesu", S. 350, 1905.

59

Johannes Ullman schreibt in „Zeit – was ist das?“: *„Am Ende der Zeiten und Äonen wird alles Zeitmäßige aufhören, und es wird auch generell Zeit aufhören. Es wird alles in die Ewigkeit einmünden. Es wird das All im Gegensatz zur Zeit ins Unendliche, ins Zeitlose, ins Göttliche hineingestellt werden, und darin seine wesenhafte Erfüllung finden.“*

60

Wie C. H. Mackintosh sagt: „Das Gesetz fordert Kraft von dem, der sie nicht hat, und verflucht ihn, wenn er diese Kraft nicht zeigt. Das Evangelium gibt dem Kraft, der keine hat, und segnet durch die Anwendung dieser Kraft.“ C. H. Mackintosh, „Genesis to Deuteronomy“, S. 232-33, 2011.

61

Berthold Schwarz, „Leben im Sieg Christi", S. 235, 2008.

62

Vgl. Nelson Darby, „Synopsis of the Books of the Bible“, Bd. 4, S. 156, 1820.

63

Vgl. Nelson Darby, „Collected Writings“, Bd. 13, S. 385, 1867.

64

Vgl. Nelson Darby, „Collected Writings“, Bd. 21, S. 302, 1867.

65

Ebd., Bd. 16, S. 366ff.

66

Ebd., Bd. 27, S. 2.

67

Ebd., Bd. 10, S. 26.

68

„Diese den Kern und Stern der eigentlichen weltgeschichtlichen Bedeutung der Botschaft Jesu bildende Auffassung von der Mission des mosaischen Gesetzes haben die unmittelbaren Jünger Jesu… nicht zu fassen vermocht.“ Moriz Friedländer, „Die religiösen Bewegungen innerhalb des Judentums im Zeitalter Jesu“, S. 374, 1905.

69

1 Joh 5,3; 2 Joh 6.

70

2 Kor 5,17; Gal 2,20.

71

Eph 5,30; 1 Pet 5,10; 2 Joh 3.

72

Gal 3,10; Jak 2,10.

73

Vgl. Nelson Darby, „Collected Writings“, Bd. 10, S. 284, 1867.

74

2 Kor 3,6-7; Röm 7,6.

75

Vgl. Ps 86,15; Eph 2,4.

76

Vgl. Michael Roth, „Möglichkeiten und Grenzen der theologischen Apologetik", S. 183, 2002.

77

Vierhundertdreißig Jahre dauerte der Aufenthalt Israels in Ägypten. Paulus kannte die Schriftstelle in 2 Mos 12,40 und wusste natürlich, dass die Israeliten mit Jakob das Land Kanaan verlassen hatten. Seit Abraham gab es in der Beziehung zu Gott aber nur den Abrahamsbund und die Verheißungen.

78

Die Torah ist äonenbezogen, d.h. sie erfährt ihre Beschränkung im Geschöpflichen. Die Gnade und Gerechtigkeit sind gottbezogen und daher werden sie auch nicht durch Äonen oder Geschaffenes begrenzt (Vgl. Karin Finsterbusch, „Die Thora als Lebensweisung für Heidenchristen", S. 186, 1996).

79

Carl F. V. Weizsäcker, „Garten des Menschlichen", 1977.

80

Dass ich nicht missverstanden werde, die Bergpredigt ist lehrreich, gerade weil sie einen hohen moralischen Anspruch stellt. Man darf sich all die Gebote der Bergpredigt zu Herzen nehmen, versuchen sie umzusetzen im Leben, aber man muss auch wissen, dass die wesentliche Erkenntnis darin besteht, dass man nur im Geist Christi christusgemäß handeln und leben kann.

81

Fritz Binde, „Vom Geheimnis des Glaubens", S. 28, 1979.

82

David H. Stern, „Kommentar zum Jüdischen Neuen Testament“, Bd. 2, S. 350, 1996.

83

Ebd. S. 367.

84

Vgl. Martin Hengel, „Die vier Evangelien und das eine Evangelium von Jesus Christus“, S. 13ff, 2008.

85

Vgl. Harald Schneider, „Die Ordnung der vier Evangelien“; S. 328, 2015.

86

Vgl. Jutta Koslowski, „Die Einheit der Kirche in der ökumenischen Diskussion“, S. 525, 2008.

87

Vgl. Georges Tamer (Hrsg.), „The Trias of Maimonides“, S. 327, 2005.

88

Vgl. Moriz Friedländer, „Die religiösen Bewegungen innerhalb des Judentums im Zeitalter Jesu“, S. 370, 1905.

89

Vgl. vom Verfasser, „Die zwei Evangelien“, 2017.

90

Sie verdienen dafür keine Schelte, schon gar nicht von den Kirchenangehörigen anderer Kirchen, die selber am Sonntag festhalten und das biblische Gebot missachten.

91

Aus Augustinus, „Über den Gottesstaat".

92

Vgl. James Carroll, „Constantine's Sword: The Church and the Jews”, S. 170ff, 2001.

93

Im germanischen Raum unter „Eostara“ (nach Jacob Grimm „Ostara“, in *„Deutsche Mythologie“,* 1835, S. 180). bekanntgemacht, jedoch nur von einer Quelle. Unstrittig ist jedoch, dass im Nahen Osten die Astarte als Frühlings- und Fruchtbarkeitsgöttin fungierte.

94

Vgl. Michael J. Rood, „The Pagan-Christian Connection Exposed", S. 87, 2004.

95

David Daube, „The New Testament and Rabbinic Judaism”, S. 336ff, 1994.

96

David H. Stern, „Kommentar zum Jüdischen Neuen Testament“, Bd. 2, S. 360, 1996.

97

Vgl. Heinrich Ewald, „Die Sendschreiben des Apostels Paulus“, S. 494f, 1857.

98

Vgl. Nelson Darby, „Collected Writings“, Bd. 11, S. 46, 1867.

99

Vgl. Nelson Darby, „Collected Writings“, Bd. 28, S. 298, 1867.

100

Vgl. Koran Sure 2/63-66; 5/59-60, 7/166.

101

Wie man sie nannte, ist von untergeordneter Bedeutung. Irrtümlich wurden sie von den Juden mit verschiedenen jüdischen Sektierern gleichgesetzt oder als eigene Gruppierung benannt wie z.B. Ebioniten (aus dem hebräischen für „Arme“) oder Nazarener bzw. Nazoräer (gr. „Nazoraioi“, Ap 24,5).

102

Vgl. Friedrich Avemarie, „Tora und Leben: Untersuchungen zur Heilsbedeutung der Tora“, S. 519ff, 1996.

103

Vgl. Denney, James, The Second Epistle to the Corinthians, London: Hodder & Stoughton, S. 267, 1894.

104

Das griechische „prays“ bedeutet mehr als nur eine milde Gesinnung, sie ist ein Zeichen der Stärke, die auf ein weises Ziel aus ist.

105

Walter Klaiber, „Der Galaterbrief", S. 180, 2013.

106

Vgl. Martin Hengel, „Paulus und Jakobus", S. 444, 2002.

107

Johannes Gossner, „Geist des Lebens und der Lehre Jesu Christi im Neuen Testament", S. 524 ff., Bd. 2, 1818.

108

Vgl. Douglas .J. Moo, "Five Views on Law and Gospel", S. 360f, 1996.

109

Arthur Ernest Wilder-Smith in „Ist das ein Gott der Liebe?", S. 11: „Die darwinistische Zufälligkeit ist letztlich identisch mit Ordnungslosigkeit und darum mit Bedeutungslosigkeit."

110

Johannes Locks, „Paraphrastische Erklärung und Anmerkungen über S. Pauli Briefe", Bd. 2, S. 211, 1769.

111

Und das, obwohl die Encyclopedia Judaica im Artikel über die Torah (Bd. 15, S. 1244-1246) sagt: *„In der (hebräischen) Bibel gibt es keinen Text, der eindeutig die Ewigkeit oder Unaufhebbarkeit der Torah bestätigt.; allerdings sind viele Gesetze der Torah von Wendungen wie „ein immerwährendes Gebot durch eure Generationen" (Lev 3,17 et al.) begleitet."*

112

„Ihr (der messianischen Juden in Jerusalem) Christentum war ein durchaus jüdisches, das den „Eiferern über dem Gesetz“ keinerlei Anlass zu feindseligem Einschreiten bot.“ Moriz Friedländer, „Die religiösen Bewegungen innerhalb des Judentums im Zeitalter Jesu“, S. 370, 1905.

113

Vgl. vom Verfasser, „Das heilsgeschichtliche Buch der Offenbarung“, 2015.

114

Theodor Böhmerle in „Zeit- und Ewigkeitsfragen im Lichte der Bibel“, S. 197, 1925/1926: *„Wir sehen Sein Kreuz und wie Er uns geliebt; und wir wissen, dass alles Kreuz lauter Liebe ist.“*

115

Vgl. Johann Peter Lange,Johannes Jacobus van Oosterzee, „Der Brief des Jakobus: Theologisch-homiletisch bearbeitet“, S. 13, 1862.

116

Vgl. Eckhard J. Schnabel, „Urchristliche Mission“, S. 742, 2002.

117

Vgl. Wilhelm Albrecht Nestle, „Griechische Religiosität“, S. 86-98, 1934.

118

Hanserd Knollys, „Mystical Babylon Unveiled“, S. 24ff, 2015; Charles Chiniquy, „Fifty Years In The Church Of Rome”, 2016; Edward Hendrie, “Solving the Mystery of Babylon the Great”, S. 172ff, 2010.

119

Die Taufe ist ein jüdischer Ritus. Das Zeichen eines Juden, dass das, was er äußerlich vornimmt, auch innerlich gelten soll. Die Umkehr zum Gott Israels. Vgl. Steve Urick, „Acts 1 Dispensationalism“, S. 25, 2014.

120

Für „und" steht das griechische „kai“.

121

Die New International Version hat „even" („nämlich") statt „and". Die New Living Translation übersetzt „und das neue Volk Gottes". Das ist eine grobe Verfälschung des Wortes Gottes und keine Übersetzung mehr, sondern eine Interpretation.

122

Vgl. E. Peterson, „Die Kirche aus Juden und Heiden“ S. 287-307, 1933 in Jedin: Kirchengeschichte, S. 463.

123

Vgl. Susanne Galley, „Das Judentum“, S. 195, 2006.

124

In theologischen Arbeiten kommt das selten zur Sprache. Dafür wird immer wieder betont, wie die ersten „Christen“ angeblich vom Judentum verfolgt worden sind (Vgl. Harry R. Boer, „A Short History of the Early Church", S. 19, 1976.).

125

Vgl. Timothy A. Williams, „The true seed of Abraham“, S. 30, 2010.

Literaturverzeichnis (Auswahl)

Francesca Albertini, „Die Konzeption des Messias bei Maimonides“ 2009

Friedrich Avemarie, „Tora und Leben: Untersuchungen zur Heilsbedeutung der Tora“, 1996

Fritz Binde, „Vom Geheimnis des Glaubens", 1979

Craig A. Blaising (Hrsg.), „Dispensationalism, Israel and the Church“, 1992

Theodor Böhmerle, „Zeit- und Ewigkeitsfragen im Lichte der Bibel“, 1925/1926

Harry R. Boer, „A Short History of the Early Church”, 1976

Morgan, G. Campbell, „The Acts of the Apostles”, 1924

James Carroll, „Constantine's Sword: The Church and the Jews”, 2001

Charles Chiniquy, „Fifty Years In The Church Of Rome”, 2016

Thomas Conant, „Book of Genesis“,1868

Nelson Darby, „Collected Writings“,1867

Nelson Darby, „Synopsis of the Books of the Bible“,1820

David Daube, „The New Testament and Rabbinic Judaism”, 1994

Roland Deines, „Die Gerechtigkeit der Tora im Reich des Messias“, 2004

James Denney, „The Second Epistle to the Corinthians”, 1894

Heinrich Ewald, „Die Sendschreiben des Apostels Paulus“, 1857

Karin Finsterbusch, „Die Thora als Lebensweisung für Heidenchristen“, 1996

Moriz Friedländer, „Die religiösen Bewegungen innerhalb des Judentums im Zeitalter Jesu“, 1905

Arno Clement Gaebelein, „The Epistle to the Galatians“, 1921

Susanne Galley, „Das Judentum“, 2006

Johannes Gossner, „Geist des Lebens und der Lehre Jesu Christi im Neuen Testament“, 1818

Ferdinand Hahn, „Theologie des Neuen Testaments“, Bd. 1 Theologiegeschichte des Urchristentums, 2002

Douglas Harink, „Paul Among the Postliberals: Pauline Theology Beyond Christendom and Modernity“, 2003

Edward Hendrie, „Solving the Mystery of Babylon the Great", 2010

Martin Hengel, „Paulus und Jakobus“, 2002

Martin Hengel, „Die vier Evangelien und das eine Evangelium von Jesus Christus“, 2008

Walter Klaiber, „Der Galaterbrief“, 2013

Paul-Gerhard Klumbies, „Die Rede von Gott bei Paulus in ihrem zeitgeschichtlichen Kontext“, 1992

Hanserd Knollys, „Mystical Babylon Unveiled“, 2015

Ernst Wilhelm Kohls, „Luthers Entscheidung in Worms“, 1970

Jutta Koslowski, „Die Einheit der Kirche in der ökumenischen Diskussion“, 2008

Johannes Locks, „Paraphrastische Erklärung und Anmerkungen über S. Pauli Briefe“, 1769

C. H. Mackintosh, „Genesis to Deuteronomy“, 2011

Douglas .J. Moo, „Five Views on Law and Gospel", 1996

Iain Murray, „C. H. Spurgeon – wie ihn keiner kennt“, 1996

Wilhelm Albrecht Nestle, „Griechische Religiosität“, 1934

Roman Nies, „Die zwei Evangelien“, 2017

Roman Nies „Das heilsgeschichtliche Buch der Offenbarung“, 2015

Heiko A. Oberman, „Luther. Mensch zwischen Gott und Teufel“, 1983

Johannes Jacobus van Oosterzee, „Der Brief des Jakobus: Theologisch-homiletisch bearbeitet“, 1862

E. Peterson, „Die Kirche aus Juden und Heiden“, 1933

Johannes Pflaum in „Das verschleuderte Erbe“, 2017

Jill Robbins in (Hrsg. Mark C. Taylor), „Critical Terms for Religious Studies“, 1998

Michael J. Rood, „The Pagan-Christian Connection Exposed", 2004

Michael Roth, „Möglichkeiten und Grenzen der theologischen Apologetik“, 2002

Peter Schäfer, „Studien zur Geschichte und Theologie des rabbinischen Judentums“, 1978

Eckhard J. Schnabel, „Der Brief des Paulus an die Römer“, 2016

Eckhard J. Schnabel, „Urchristliche Mission“, 2002

Harald Schneider, „Die Ordnung der vier Evangelien“; 2015

Berthold Schwarz, „Leben im Sieg Christi", 2008

Daniel Seidenberg, „Geh heraus, mein Volk!“, 2011

David H. Stern, „Kommentar zum Jüdischen Neuen Testament“, 1996

David H. Stern, „Das jüdische Neue Testament“, 1994

Georges Tamer (Hrsg.), „The Trias of Maimonides“,2005

A.W. Tozer, „Muss man Gott fürchten?“, 1991

Steve Urick, „Acts 1 Dispensationalism“,2014.

Christine Roy Yoder, „Abingdon Old Testament Commentaries“, 2009

Carl Friedrich Weizsäcker, „Der Garten des Menschlichen“, 1977

Timothy A. Williams, „The true seed of Abraham“, 2010